AQUARIUS

AQUARIUS

AQUARIUS

AQUARIUS

Vision

一些人物，
一些視野，
一些觀點，
與一個全新的遠景！

戒斷 曖昧

心理師透視40個愛不了、
分不開的偽愛迷思

隼人（心理師）◎著

【推薦序】
快、狠、準，打醒夢中人

文◎SKimmy你的網路閨蜜

問世間，情為何物，直教生死相許？……歡樂趣，離別苦，就中更有癡兒女。

從金代文學家元好問的經典作品，一路到近一千年後的現在，大家還是在問同樣的問題：「愛到底是什麼？」「情字這條路，到底該怎麼走？」

我也是在這個議題上渡人渡己的工作者。無意間邂逅了「暖男心理師」隼人（譚浩麟）的這本《戒斷曖昧》，發現他在解決「愛的問題」上，使用了非常獨特的二分法。

隼人心理師將「愛的問題」直接歸納成為兩大部分——「愛不了」與「分不開」。

確實是這樣的，愛的問題說穿了也就這兩種，實在想不到比這更好的分類法了。

「愛不了」的人，看著比翼雙飛的情侶在街上放閃，自己卻是個單身狗，嘗不了這份歡樂的趣味，鬱悶煩惱。更衰的是，偶爾還會有一些「以愛之名」的禿鷹，不請自來地飛進我們生活中，布下曖昧的陷阱，玩一場不負責任的遊戲。

而「分不開」的人，在一段關係裡，飽嘗離別、或恐懼離別之苦。但是，天下無不散的筵席，分分合合本就是生命註定的篇章。在愛裡，無法面對分開、提得起放不下的人，最傻，最辛苦。

從這兩大類型延伸出去，「愛的問題」密密麻麻，都是現代人看不穿的煩惱，當然啦，古代人也看不穿，哈哈。

不過，現代人很幸運的是，比起古人只能從詩詞畫賦裡窺得一些關於愛的玄機，我們有了現代科學、心理學、統計學……等，更有系統的資源。

在《戒斷曖昧》這本書裡，不管是令人心碎的「偽戀人」、忽冷忽熱的玩咖、不愛就毀滅的恐怖情人或慢性洗腦的「愛意轟炸」……這些常常在親朋好友或我們自己的情路上出現的問題，到了隼人筆下，都有了獨樹一格、撫慰人心的嶄新解釋。

隼人心理師說：「**恐懼是讓人克服問題，而不是逃避的。**」

在我們懵懵懂懂的時候，一定或多或少都在人際關係、親密關係中受過傷，也許是國中時代的一場暗戀，也許是原生家庭裡與父母親的相處，也許是某些不仔細回想都已經忘記了的創痛。

但這些大大小小的事情，都在心上留下了長短錯落的傷痕，有些傷痕並沒有好好癒合，於是，在未來的日子裡，稍微沾上一點塵埃都痛到落淚。

而這就是我們需要心理學的原因。

大家都怕疼，大家都不想經受痛苦，也下意識地迴避那些「我們預知到可能會產生痛苦的事」。

就像書裡提到的——慣性曖昧的人，也許是害怕「付出」所帶來的痛苦；無法斷捨離「備胎身分」的人，也許是不願面對承認「沉沒成本」後所帶來的痛苦。

然而，只要活著、只要跟他人接觸、只要對人生抱著期待與夢想，痛苦就一定會發生。那不是因為命運是一個惡劣的玩笑，而是命運想幫助我們成長。

就像線上遊戲，想要升等、想要轉職、想要愈變愈厲害，一定要去打怪、花時間解任務。

當然，中途我們大概會被某個高等怪物ＫＯ，生命值會歸零、會噴裝噴到一無所有，但最終任務完成，收穫滿滿經驗值的那一瞬間，一切都非常值得！

可能你會說：「人生可不是線上遊戲，你沒法某個關卡失敗之後，重新再解一次。」

我一直都覺得，人生沒法重來，是一件好事。

正是人生的這個特性，讓我們免受「無限鬼打牆」之苦。

大家或許有那種「電玩狂熱」的朋友吧？關在家裡一星期，只為破解電動遊戲的某一關卡。你們能想像人生如果可以重來，有多可怕嗎？我可能會花八十年，只為導正十九歲那年的一場單戀啊！

所以說，人生，某個關卡失敗之後，反正也不能重來，因此我們無須糾結。

我們要做的事情是——好好釐清失敗的理由，記得我們所產生的情緒，然後，摸摸鼻子繼續向前行，等待下一個關卡的到來，讓前面學到的技能可以派上用場。

你可能又會說：「玩遊戲有攻略啊，人生有嗎？我怎樣知道我缺什麼技能？」

欸嘿！這你就問對了！遊戲有攻略，人生當然也有啊！心理學工具書不就是嗎？

就拿隼人心理師這本《戒斷曖昧》來說，裡面有四十種大家在人生online裡常常會遇到的情感困境。這本書的用意是陪伴你度過難關，幫你補足你尚在摸索的「戀愛技能」，不正是人生的攻略嗎？

隼人心理師的作品，真的只能用「快、狠、準」來形容。

一針見血、醍醐灌頂，超高效的閱讀體驗，同時字裡行間又透著一點溫和包容的瀟灑（可能是隼人心理師本身的氣場吧）。

翻開書頁，到處都是讓我拍手稱好、點醒世人的金句。比如說：

「一時的感動，無法支撐一世的愛情。」

「不是不想談感情，而是不想做承諾。」

「認乾妹妹，為了滿足自尊心。」

啪啪啪啪啪啪啪啪啪啪啪啪啪啪啪啪啪啪啪啪啪啪啪！（這是拍手鼓掌的聲音？還是啪啪打醒夢中人的聲音？我不知道。）

都說當局者迷，旁觀者清。如果很剛好，你也是搞不懂愛情、搞不明曖昧的痴情男女，就讓隼人以心理師的角度，傳授你「人生攻略」，高效地透視問題，成功戒斷曖昧吧！

目錄

PART 1

愛不了

PART 2 分不開

PART 1

愛不了

誠實地問問自己：你是真心喜歡這個人嗎？

在愛情當中，你想得到的是什麼？

喜歡一直曖昧的人，究竟在想什麼？

初期曖昧，是製造親密感的時期

戀愛，最令人嚮往的是初相識時，大家互猜心意的過程。對方一天沒表白，一天就未能確立彼此的關係，這種霧裡看花的感覺讓人充滿想像，興奮又期待，這種關係就是我們熟悉的「曖昧」。

正因為不確定彼此的心意，不確定應否進入下一階段的戀人關係，所以相互都不願做出承諾，但亦不捨明確地拒絕對方，只好繼續維持著這種模糊的狀態。

然而，沒有人喜歡一直被吊著胃口，通常曖昧只會維持一段時間，當時機成熟，只要漸漸靠近的兩人中，其中一方踏出第一步，首先表白，通常都會順理成章地變成一對戀人。

可是偏偏有人只喜歡曖昧，而不想與別人確立關係，最好永遠停留在曖昧階段。為什麼呢？

喜歡一直曖昧的人，到底在想什麼？

持續曖昧的人，愈親密，反而愈焦慮

其實，**他們都是需要親密，卻又害怕親密的人。**

他們缺乏安全感，大多是兒時得不到父母的愛，比如父母工作忙碌，忽略了孩子的感受及對孩子的關愛。他們內心雖然渴望得到父母的愛，但同時亦漸漸習慣了失望，內心的期望一再落空，那份失望的感覺，就形成他們長大後缺乏安全感的原因。

他們需要親密，渴求親密，長大後，希望從戀愛中獲取這份「被愛」的感覺。然而，由於兒時害怕失望的陰影，「親密」對他們來說卻變成了一種焦慮。

曖昧期是製造親密感的時期，曖昧期愈久，親密感愈高，一旦到了臨界點，一般人便會自然而然地表白，並且一起進入相戀、確立關係的階段。但害怕親密的人卻在雙方關係愈見親密的時候，愈抗拒，並且會採取逃避的方法來處理「太過親密」的關係，因為**他們怕太過親密，會使自己受傷害，同時也因為自己的不安全感而失去自信，怕自己滿足不了對方。**

他們既不想、亦無法承受在親密關係中所引發的一切負面情緒反應，那不如不要開始。曖昧，讓他們既能得到親密感，卻又不用承諾，沒有壓力。

害怕「失去」，造成無法自控的逃避

我的個案守一予人的感覺是玩世不恭、花花公子的形象，身邊女伴如走馬燈，三個月就換一個。然而，守一的內心一直都渴望有一位固定、可靠的伴侶，但不是他並未遇到，而是他不敢與對象發展長遠關係，怕的就是「失去」的感覺。

守一是家中獨子，父母都是日理萬機的生意人，想要每天回家跟孩子一起吃晚飯，不是容易的事。起初，守一希望父母若一星期有三天能一起吃飯便好，但實際上，三天也是奢侈；然後，他想要父母一個星期起碼有一天能一起吃飯也好，可是父母始終未遵守承諾。漸漸地，他不再提起一起吃飯的事，也不再要求任何東西，因為不存寄望，就不會失望。後來，他對伴侶也一樣，**不渴望就不失望，覺得不投放過多感情，才能保護自己免受別人傷害。**

有人會說這是自私的行為，沒錯，他們首先就是要保護自己，保護自己遠離情緒壓力的困擾，亦要免於失望的可能，這樣才能保護自己脆弱的心靈。只是，這種自私的行為其實傷了兩顆心，除了無法自控的逃避，使得自己無法跟對象穩定交往之外，他們曖昧的對象也受傷了，覺得像是被渣男、渣女玩弄了感情，而這類不歡而散的戲碼，每天都在不同角落上演著。

恐懼是讓人克服問題，而不是逃避的

無論是兒時陰影導致害怕親密，還是受過往不愉快的戀愛經歷影響而害怕談戀愛，其實，大家口中「愛搞曖昧」的男女，所害怕的跟每個人在戀愛初期的憂慮一樣，只是他們無法克服內心的恐懼，被迫原地踏步，唯有繼續在曖昧的漩渦內盤旋。

那麼，要克服對戀愛的畏懼，可以怎樣做？

・你根本不能確定對方會拒絕，只是太沒自信

首先，要重建自信。

害怕是源於不安全感；不安全感則是源於對「自己」的不信任。不用羨慕別人可以放膽戀愛，其實你也可以，就是你要大方、勇敢地面對自己內心，將主導權握在自己手中。自信的人，可以從容地去面對關係中的各種不確定性，並且不容易放棄，會努力追求自己想要的結果，不輕易退縮。

長久陷於自卑心理的人，面對可能的戀情，會搶先在被對方拒絕之前，就自行離開，以免落得被推開的傷心下場。但事實上，你根本不能確定對方會拒絕，只是「太沒自信」這一環，讓你一次又一次地錯失了建立戀愛關係的機會。

沒有盡力便棄權，你甘心嗎？

・先好好表達你的愛，對方才能好好回應你

害怕戀愛，另一個原因是擔心自己在感情中付出太多，卻失望而回，擔心「愛別人比愛自己多」。這種心理的調節需要學習「施比受更有福」。

一段美好的關係，需要雙方都努力付出來維護，如果只有一方不停付出，而另一方不停接收，最終將變得失衡。若希望從對方身上得到愛，首先，好好表達你對他的愛，對方才能以同樣的方式來回應你。

在戀愛中太計較得失及比較誰付出更多，只會錯過了享受戀愛樂趣的過程。

「不如不愛」只是逃避的藉口。你以為這樣可以全身而退，但是，把情感如此壓抑下去，不都是在傷害自己、傷害對方嗎？

恐懼是用來讓人面對問題，進而克服問題，而不是逃避的。

心理師的透視鏡

總是卡在曖昧階段的人，

表面上故作瀟灑地抽身離開，其實是怕被拒絕、被推開，而自己先逃，

卻也錯過了深入建立關係的機會，反而是對自我的另一種傷害。

他其實是「偽戀人」？

他若喜歡你，不用你開始付出，他便已奔向你

王菲唱的〈曖昧〉是我十分喜歡的一首歌，喜歡的原因十分簡單，因為從歌詞的描寫到王菲的演繹，都完全帶出了曖昧的那一份無奈和唏噓。

其中，正如副歌的第一句：「**徘徊在似苦又甜之間，望不穿這曖昧的眼。**」曖昧真的令人又愛又恨，苦樂參半。

對於單身男女來說，找到一個喜歡的人已經不容易，加上對方也要對自己有感覺更是難上加難。很可惜的是，有些人一旦投入愛河便難以抽身，根本分不清面前的對象是不是

「偽戀人」。

愛情有很多種類，「曖昧」便是其中永不開花、也不結果的一種。面對昏暗不明的關係，被愛上的一方可說是進可攻、退可守。既能藉由「朋友」的名義享受濃郁「友情」帶來的好處，又不用負任何責任，同時更可以利用對方喜歡自己的這個優勢，享有情人般的福利。

處在這種朋友和情人等多重身分重疊的關係中，到最後有所損失的，就只有單方面付出愛的那一方。

試想：

假設對方也喜歡你，那為什麼這個人連擁抱你的勇氣都沒有？他又何曾對你做過任何承諾？他是不敢？還是根本不願意？這樣對方能有多愛你？或者根本是你一直會錯意？

就像我的一位個案又琳所經歷的一樣。

「超級好朋友」是折磨人的地獄

又琳愛著士傑將近五年，而士傑一直都是以十分曖昧的態度和行為，去面對又琳的追求。**他沒有正面回應自己到底是接受，還是拒絕，縱使又琳直接開口問他對自己的感覺，他始終巧妙地以一句「你覺得呢？」，帶過這個話題。**

這五年的曖昧過程中，士傑一直不停地結識新女友，以單身的身分示人，試著與不同對象發展，找尋心目中的女神。又琳當然也知道，可是自己沒有立場阻止。

而每當士傑新戀情不順利時，他便一派自然地回到又琳身邊，向她訴苦，有時甚至詢問她如何哄回新女友。他就這樣以一個「偽戀人」的身分，從又琳身上獲得心靈上的安慰，和那種被愛的感覺。

他們兩人一直有約會，不時結伴出遊，每次見面，士傑都會牽又琳的手，有時甚至接吻，在旁人看來，兩人根本就像一對熱戀情侶。然而，每當又琳想突破這一層，向前再多走一步以確立彼此的身分，士傑就會以「想保持友誼，不想失去好友」為由拒絕。

他還會在朋友、家人面前強調，他們兩人只是「超級好朋友」的關係，要大家別誤會，他仍然單身，有好女孩請幫他介紹。每回聽他如此澄清，又琳便又心碎一回。

一個人的心，到底可以承受多少次摧殘、多少次無情的捏碎，才會真正心死？

又琳忍受了這心碎的痛楚五年，她傷痕累累、滿布裂痕的心，始終得不到渴望的疼惜。就這樣，她一直忍受、妥協，被「愛得到卻得不到」的感情折磨著，結果，士傑最終找到一個更吸引他的女朋友，而放棄了這位「密友」。

想為付出的感情翻本，卻淪為慘輸的賭徒

與士傑的這段關係，因為長時間的曖昧，使又琳產生了一種**「賭徒心態」**。

當人們面臨一些模糊不清或不確定的狀況時，腦中處理矛盾的自我保護機制便會啟動，使人們做出凍結、戰鬥或逃跑的反應。只是，不管是選擇什麼方式因應，在曖昧關係中付出愛的那一方，總會面臨一種產生「錯覺」的風險，以為自己既然付出了情感，便能夠得到應有的回報，在情緒處理上，會因為自己委曲求全而產生不服氣的感覺。在嗜賭的個案身上亦會出現類似狀況，認為自己既然賭了這麼多局，輸了不少，不能就這樣抽身離場。

這是一種「翻本心理」，無論旁人怎樣勸導，「當局者迷」，一句也聽不進耳，就如你不可能說服賭徒輕易地收手離場一樣。

然而，愈是想「翻本」，付出的感情就像賭本，只會如雪球般愈滾愈大。

其實你、我都知道，「賭本」多少與輸贏根本沒有關係。假使對方是喜歡你的，甚至愛上了你，哪怕你還未開始付出，他便已奔向你。

一時的感動，無法支撐一世的愛情

一直付出的那一方會覺得自己已花了那麼多時間、精神、心血和金錢等等，不可能沒有回報，儘管內心常自我安慰的一句話是「只求付出，不求回報」，仍然奢望「總有一天」能感動對方。

可惜，感動只會是一時，即使你終於做對了一件能讓對方感動的事，他若因這份感動而跟你在一起，那也不代表是愛情。一時的感動，並不足以支撐一段感情要長久走下去會遇到的各種挑戰和風雨。當感動過後，如果對方還是沒有愛上你，結果也一樣。

沒有看清眼前的狀況，只管盲目地付出，必然帶來慘輸的下場。

給曖昧的雙方：眼前這個人，是不是你想要的？

不管你是被愛的一方，還是付出感情的一方，都要好好地去認清楚：眼前的這個人，是不是你想要的。只有兩情相悅的一對，才能享受曖昧帶來的甜蜜；反之，這只是苦藥，絕對不是什麼戀愛的過渡期。

正如賭博一樣，有多少人能真真正正地一次翻本？相反地，輸得傾家蕩產、焦頭爛額的，大有人在。

人生總會有一些遺憾存在，關鍵在於你怎樣去面對。過了一個難關，當你回頭看時，那段過往可能不值一提了，因為失敗與痛苦往往是成長的動力。

給貪享被愛的你：現在你獲得的，終究得還出去

在此，我也想告訴享受著被愛的你：有人對自己好當然很開心，但是請你給些同理心。如果你一開始就根本沒打算和對方發展下去，請不要浪費別人的時間，特別是女人的青春，一旦過去了，誰也賠不起的。請你將心比心。

就像王菲唱的〈曖昧〉這一句：「愛或情借來填一晚，終須都歸還，無謂多貪……」

現在你所獲得的，終有一天得還出去。

付出愛的一方，怎樣離開曖昧？

確認心意，直接開口是最好的方法

雖然曖昧初期是甜蜜的，讓雙方都心如鹿撞，幸福感滿滿，但如果曖昧期拖得太久，其中一方動心了，想再進一步，另一方卻往後退而未確認彼此的關係，那麼有意發展的一方就要深思一下：**眼前這個人，到底是否真有心想與你交往？**

最好的方法，當然是直接表白、詢問啊！

不過，直接詢問也要看時機，你起碼要感覺到對方也有意思、表現得也很正面，雙方關係只差一步就能變為戀人。若是如此，不妨鼓起勇氣向對方表白，不要因為錯過了機會，日後令自己後悔。假如對方拒絕，也就是讓你夢醒的時候，從此不用為這段沒結果的曖昧關係而苦惱。

如果你不能接受對方這種拖拉的態度，不想再繼續，你又可以怎樣抽離這段曖昧？

抽離曖昧，「遠離」是最有效的方法

・像分手一樣，讓他從你的生活中消失

如果你還懷疑對方是否有心與你交往，彼此的曖昧使你覺得煩惱多於甜蜜，想要擺脫，第一步就是：讓他從你的生活中消失。

在生活上，請避免再接觸你的曖昧對象。如果對方是同事，那麼請你除了辦公時間及公事外，一律不要與他交流，減少雙方互動的機會。

這個過程如分手一樣，也必須避免去你們曾經一起去過的地方，以免觸景傷情。

・**轉移注意力，讓你對他的感覺逐漸淡去**

接著，就是把注意力轉移到其他地方，例如你的工作、興趣、運動，以及與其他朋友的社交活動等等。讓對方在你心中的形象及感覺漸漸淡化，以使自己能逐漸抽離這段曖昧關係。

明知沒希望卻離不開，怎麼辦？

・**你是否無法接受，投入的一切全都放水流？**

然而，能果決地做到這點的朋友不多，明知「遠離」是最有效的方法，偏偏怎樣都做不到。

這是因為雖然我們內心渴望脫離曖昧，卻不願意放棄沉沒成本。

什麼是「沉沒成本」？這是一個經濟學的概念，意思是指已經付出且無法收回的成本。

而所謂的「沉沒成本效應」，就是即使你明知沒希望了，不會回本的，也甘願繼續投資，合理化自己的付出，因為你擔憂一旦面對現實，接受「失敗」這個事實，那麼一直以來所付出的就完全浪費掉了。

在兩性關係裡，所投入的種種心思、精神、感情和愛，也可算是沉沒成本吧，這些也都是收不回的成本，而我們寧可忍受痛苦也不願離開曖昧關係，同樣是因為不想放棄自己對於這段感情付出過的一切一切。

就是這個想法，使我們明知是錯的，卻仍然選擇繼續下去，困在曖昧的漩渦中。

・看他實際做了什麼，而不是聽他甜言蜜語

要擺脫這個枷鎖，只能靠自己「有意識地」自救：你需要為自己及對方的行為，做客觀的分析。

首先，拋開對方對你說的甜言蜜語，例如「跟你在一起很快樂」、「如果我們一起去旅行，一定會玩得很開心」等等。這些並不是客觀事實，只是一種感覺，無法去證明。

而**事實則是他兩個星期都沒有約你見面了**。從這個事實去想想：到底對方是否有意跟你發展下去？否則，為何他會這樣不置可否，對你倆的關係沒有任何實質行動？

花點時間去釐清眼前的「事實」，評估雙方的關係狀態，才能免於讓自己陷入不切實際的期待及幻想中。

你為什麼讓自己被當成備胎呢？

・先從小事拒絕對方，看他的反應

在曖昧關係中，我們或多或少會盡可能去迎合對方，滿足對方的要求。你可以試試找藉口拒絕對方的小請求，看他的反應如何。

如果他表現出不耐煩，甚至冷落你，那很明顯是個給你足夠理由走出這段曖昧關係的證明，因為**一個喜歡你、在乎你的人，不會讓你變得這樣卑微，更不會只為滿足自己的欲望而為難你。**

・若繼續來往，要堅持守住「朋友」的界線

其次，與你的曖昧對象只能以朋友方式往來，超越範圍的舉動就不要做了。許多曖昧中的人會像戀人般約會，甚至牽手、擁抱，這些已超越朋友關係的行為就要停止。

當他見你態度有變，而他要是想進一步、怕失去你，你劃出界線的做法，反而會激起他追求及向你表白的勇氣。

・他是如何對待你的？具體寫下，釐清事實

雅如就是想弄清一段如霧裡看花的曖昧關係，前來詢問我的意見。

她覺得對方忽冷忽熱，捉摸不到對方的心思，卻發現自己對這段關係愈陷愈深，快要崩潰了。聽了我的建議，她照著去做，首先，為自己訂下界線，不讓對方做越軌的行為，不再讓他牽手，也不再對他有求必應。

對方察覺這個轉變後，起初很緊張地詢問雅如，問她是不是不開心或者有心事，就算雅如拒絕了他的請求，他也回應說沒關係，他自己去做便可。

然而，過了一個星期，他減少了與雅如聯繫的頻率。原本每天會傳訊息給她，並且時常有互動，但是如今即使雅如主動發訊息，他有時會已讀不回，也沒有再主動邀約。

這些就是「客觀事實」。

我請雅如在紙上列出了對方的種種，她寫下來後，再細閱一次，同時思考兩人之前的互動，確實沒有任何實質的事情，讓她相信對方是真心喜歡自己，有意與自己發展下去。

對曖昧心軟，就是對你自己殘忍

現實或許殘酷，但是，**如果選擇逃避、選擇拖延，時間過得愈久，只會愈把痛苦延長**，更加讓你離不開眼前的曖昧。

若你早已察覺不對勁，就應及早離場，不要留下來被對方利用，也不要變成對方的「備胎」。

你們是床伴？還是戀人？

不是不想談感情，而是不想做承諾

隨著現代人的性觀念一天比一天開放，慢慢地形成一種好像「約炮比約會容易」的傾向，加上各式各樣的交友平台湧現，使得「約炮」這件事，變得更簡單、更直接了。

為何現今人們愈來愈追求純粹的性關係？有些人甚至宣稱不想談感情，名正言順地打著只想找「床伴」的旗號呢？

歸根究柢，是因為人們不想做出承諾。

美兒正是「約炮比約會容易」這個想法的受害者。

網路交友，先釐清彼此想要的「關係」

在好姊妹極力推介之下，她開始使用網路交友ＡＰＰ，一心希望可以在此找到好對象。才用這個ＡＰＰ不久，她便認識了阿偉。兩個生活從來互不相干的人，因為網路的牽線而走在一起，從陌生到產生熟識的感覺，由不清楚對方到無所不談。

・她期待遇見認真交往的對象

抱著一份少女情懷的美兒，覺得在茫茫人海中認識了阿偉是上天的最大恩賜。就在相識差不多一個月後，兩人十分自然地發生了性關係。單純的美兒一心覺得，既然都把「身體」這份最大的禮物交予對方了，對方也一定會投桃報李，好好地愛惜自己。

只不過，這段網戀自此之後，就變成了一段以「性」去維繫的關係，而阿偉對美兒的態度一天比一天差，甚至可用「冷漠」來形容。

為什麼會這樣？難道阿偉是渣男嗎？

帶著滿腦子問號的美兒再也按捺不住，終於鼓起勇氣，決定向阿偉問個明白。

她問阿偉：為什麼自己把女生最珍貴的東西交給了他，但他卻對自己視若無睹，一點也不珍惜？

然而，最後美兒得到的只是一句瀟灑的「合則來，不合則去」。「你不要那麼認真嘛！」阿偉對她說。

・他沒有玩弄感情，因為他根本沒放感情

其實，阿偉是抱著「約炮比約會容易」的心態上網交友，他並非玩弄感情，因為他根本沒有投放感情。

而美兒究竟是絲毫沒有察覺，還是不願承認對方的這個目的呢？

三十來歲的阿偉正值事業的拚搏時期。他不是不想找一個長期而穩定的伴侶，可是大部分的時間都投入工作，根本沒有多餘的心神和時間去維繫一段正式的關係。

在事業和愛情兩者只能取其一的情況下，他只能夠把關係變質，單純地去追求性愛：一夜纏綿過後，各取所需，然後各自回到自己的生活。

「承諾」二字，對現代人來說實在太沉重了，愈來愈多人覺得一旦陷入一段正式關係中，許多問題和責任便會隨之而來。加上要去發展一段關係實在太費時，現今男女還有好多的範疇需要去拓展、去費心，更難以愛情為生活中心。

在這個多元時代，我們需要的個人空間愈來愈多，無論是追求理想還是只為了生活，付出大部分時間，集中精力在工作上打拚，希望在艱難的經濟景況下，擠出一點成就。就連休閒活動也隨著社會發展的觸角更深、更廣，而變得愈來愈廣泛，我們比以前更容易發掘自己有興趣的事物，也需要時間去發展這些興趣。

所以，如果只是做床伴，雙方沒有了感情上的包袱，一切似乎變得容易許多，不需要去苦惱如何維繫感情，或者如何分手。對某些人來說，確實是省去了許多精神上的負擔。

另外，「承諾」也衍生到「付出」。害怕付出，有可能是以往不愉快的感情經歷，使人對愛情失去信心，怕自己對感情傾盡真心後，卻得不到被愛的回報，不想再承受失戀的痛楚。雖然人本就有愛與被愛的需求，但是在衡量得失後，卻產生了這樣的結論：渴望有個伴，但是，不想談感情。

另一種模式：有「利益」關係的好友

有些人則是不想單純只找床伴，還想有點心靈上的交流，可是又不想有承諾、不願被感情綑綁，於是產生了另一種關係：「friends with benefits」，字面直譯是「有利益關係的好友」，當中的「利益」就是指性關係。

這種關係與床伴有些差別。床伴關係是奠基於「性」，但這種關係是奠基於「友誼」。兩人基本上是朋友，對彼此有了一定程度的了解，才再加上「利益」一環。他們感覺上像戀人，但實際上各自還是對外宣稱自己是單身，仍在尋找對象。

他們的關係會包括性關係、友誼及浪漫的愛情。因為「性」在這種關係中，就如杯子蛋糕上的糖霜般，只是錦上添花，他們更需要的是一個可以一起玩樂的朋友、可以傾訴心事的好友、互動之間可以充滿著浪漫交流的密友。

可惜，這種關係難以維持長久，因為如果其中一人認真了，逐漸愛上對方，開始忘了當初彼此「不要承諾」的基礎，變得對於對方有所渴求，或者想進一步控制、占有時，這種關係就崩塌了。

其實一段沒有承諾的關係，原本便將導致激情和親密感逐漸下降。換句話說，這種關係打從一開始就可預料是不會長久的了。

性凌駕於愛，是危險的變種關係

人類是日久能生情的動物，而人被稱作萬物之靈，正是因為有著情感，懂得去愛，如果天真地以為不許下承諾，就能讓自己免受情緒動盪之苦，那也未免想得太美好了。

說到底，無論是哪種模式的關係，如果單單只是為了身體上的滿足，而讓「性」凌駕於「愛情」之上，以漫不經心的「曖昧」來取代愛情的「承諾」，這樣的變種關係只會使人引火自焚，最後，我們還是會陷入愛與被愛的矛盾掙扎中。

心理師的透視鏡

在只有彼此的網路空間進行私密聊天，很容易使關係增溫，激發「只有你和我」的親密感，但是，切記要先釐清雙方對這段關係的期待，以免你的真誠換回心碎的絕情。

「拒絕」也會變成一種習慣？

隼人，你好：

我喜歡上一個女孩。我倆現在是大學同窗，我比她大一歲，彼此認識了大約半年左右，我覺得大家都滿合得來的，溝通方面亦有來有往，她有時還會秒回我的訊息。

但就是不知為何，我主動約了她好幾次，都被她拒絕。本來以為她很忙，她卻說不是，只是不喜歡和男生單獨外出。

她這樣回答，我實在是無言了。我應該怎樣做？我還有機會嗎？

瑞明

曾聽一位前輩說過：世界上最遠的距離是每天相見但又得不到，這種咫尺天涯的感覺，應該算是最難受的了。

就像寫這封信來求助的瑞明，雖然他每天都能與喜歡的人朝夕相見，可惜的是，神女有心，襄王無夢。每天，他只能被曖昧牽著鼻子走。

兩人明明很聊得來，明明就好像「有什麼」，但偏偏彼此之間彷彿隔了一層透明的牆，薄薄的，卻怎樣也敲不開。瑞明遇到的狀況，你覺得似曾相識嗎？

她不是不想約會，而是不想和「你」約會

女孩的答案確實令人無言，但在我看來，這已是非常直接而明顯地拒絕了瑞明。她的回答很明確，「不喜歡和男生單獨外出」就等於「我暫時不想談戀愛」的意思。不明白？

再直接點，如果一個女生對你說她暫時不想談戀愛，顯然就是她身邊還沒有出現讓她喜歡上的人，既然沒有心上人，那即是表明她對你沒有意思，不想跟你談戀愛。

一理通、百理明的道理下，當她嘴上說不喜歡與男生單獨約會，意思也就是「不想和

你約會」。

試想：當你喜歡一個人，又怎會不想多找機會接近對方呢？

如果你已約了她幾次，她卻一直躲開、迴避，那就說明你並不是她心中那杯茶了。

若你多次邀約被拒，現在可做的就是停止邀約，因為你短期內的密集邀約，已讓她形成了一種「慣性」的拒絕。

短期內密集邀約，讓她對你拒絕成了習慣

人的心態十分複雜，**短期內被你邀約幾次，她已將「拒絕」的這個反應變成本能了，就算你再約，她都會不假思索地拒絕你，而不會再去細想為何要拒絕。**即使期間你倆之間有什麼變化、你做了什麼吸引她的事，也會被她忽略。

所以，必須先打破她對你的這種拒絕慣性，你才能重拾機會。

三十天冷處理，打破慣性

當你踏入了這個慣性拒絕的陷阱，欲打破慣性，就要先對她冷處理：**從現在開始，至少三十天後才考慮再約她吧。**

運用這段冷靜期，好讓她大腦的慣性思維慢慢瓦解。你與她之間的互動還可以繼續，只是不要再提約會。三十天後，如果你覺得大家溝通還是愉快，再試試看吧。

當然，雖然無法跟她約會，但既然現在知道在你身上，她尚未找到喜歡的點，那你就要繼續增值自己，再加強與她的溝通，慢慢讓她發現你的優點及多了解你一些，才能吸引她的注意。

如果再次邀約仍然不成功，那就可能真的是你會錯意，這個女孩沒有要跟你發展的念頭了。

男性的拒絕，通常會直接告知

以上是給男性的意見。但是，如果相同的狀況發生在女性身上，又該怎麼處理呢？其實以上的做法，女生照樣可以運用的。

只不過，女性較少遇到這種情況，因為男性的感覺比女性來得快，比較容易動心，也就是一開始男性就很清楚，眼前的女生是不是自己喜歡的，很少彆扭得連自己的心意也不知道。

當男性遇上自己有興趣的女生，通常都會像瑞明一樣主動出擊，而如果收到心儀的對象主動邀約，也不會拒絕。所以會拒絕的通常就是直接告知對方，他對她沒感覺。

先冷靜，才有辦法正確判斷

還有一種情況，無論男性或女性遇上了，都合用：對方平日相處時對你表現出好感，跟你之間有點曖昧，然而，當你以為彼此可以再進一步時，他卻拒絕你的邀約。面對這樣的回絕，你頓感青天霹靂，內心更是心急如焚。

但我要提醒你，**愈是心急，你愈要迫使自己冷靜下來，否則是無法做出正確判斷的。**

當你冷靜過後，再用心回想：對方所說的「拒絕」，是真心拒絕呢？還是一種手段？

若他是假意拒絕你，就像釣魚一樣，魚兒上鈎時，收線要抓緊時機，時緊時鬆。如果希望能兩情相悅，而不是讓自己成為上鉤的魚兒，就要冷靜觀察對方的行為。比如：**一直以來的相處，是不是只有你主動，只有你付出？當對方突然把情感一收一放，假意拒絕你的同時，是否仍然從你身上享受好處？他是不是希望你為了得到他的感情，而付出更多？**

假如是這樣，那麼，他只是在玩曖昧遊戲，並不是真的喜歡你。

就算最後你直接告白了，對方也只會向你道歉，說著「一切都只是誤會」，只是「你會錯意了」，他沒有任何損失。

在一段感情開始時，試著多用點時間去看清楚對方吧。如果你心急到連這少少的時間都不願花、不願等，只被眼前的花言巧語所蒙蔽，那你日後被浪費掉的青春，只會更多。

心理師的透視鏡

你愈是心急，愈要強迫自己慢下來，才有辦法冷靜地觀察及思考：
對方所說的「拒絕」，是真心拒絕呢？
或者只是在跟你玩一局曖昧遊戲？

你不說，他怎麼會知道？

女人：「你怎會不曉得?!」

許多女性常埋怨伴侶「不懂我」，就算在一起的日子不算短了，也不知道她喜歡吃什麼、玩什麼、喜歡什麼顏色等等。

朋友芳娜就向我抱怨過，有一年生日，她希望在一家法國餐廳慶祝。生日當天，男友帶她去的卻是一間小小的西餐廳。她說當下她面色一沉，事後為此跟男友吵起來。

男友說：「我們平常不是就愛來這間餐廳嗎？我以為你喜歡這裡的食物，所以你過生日，特地帶你來慶祝啊！」

問題來了：芳娜有沒有事前告知男友，她想去法國餐廳慶生呢？

答案是否定的。

而她的理由是：「我跟他在一起都這麼久了，**他怎麼會不知道**我生日最想吃法國大餐啊？我平常都有分享法國餐廳美食評論的連結給他呀，**他要是在意，一定知道我想去的。**那就證明了他沒用心，不明白我的心啊！」

這個理由，你是否似曾相識？

你可能也曾經有過類似的念頭吧（**又或者相反，是受害者**）：以為自己平日給的暗示已足以讓男人明白，不用直接講出口。奈何，大部分的男人都不會明白這樣的暗示，他可能只當這是一種開心分享，好物介紹，看完就算。怎會想到自己原來要把這些連結儲存起來，抽絲剝繭地去找出你的謎底！

女人兜圈子走，男人直線前進

男人喜歡簡單、直接的表達。

女人卻喜歡繞圈子行一半，留下一半讓你猜。

・**「我沒有在生氣。」其實她快氣炸了！**

她把美食雜誌翻到她心儀的餐廳那頁，然後擱在桌上，一心以為你會留意這個舉動，然後下次約會，你自然會帶她去這家餐廳。

她生氣時不發一言，背對著你，就以為你知道她在氣什麼。她覺得自己生氣的點已經夠明顯了，你不會不懂。

她明明想吃起司蛋糕，卻只對你說：「我想吃些小吃。」結果你買了雞蛋糕給她。**她一直以為「你什麼都知道」，但原來「你什麼都不知道」**，然後她指責你根本不了解她！

・**「我不想吃法國菜。」其實沒那麼簡單！**

男性會直接表達自己的喜惡，通常會明確地用「我想」、「我喜歡」來表示。例如：「我想吃日本菜」、「我喜歡去××餐廳」。

女生則以「我不想吃法國菜」、「我不喜歡去××」等否定形式來表達，**她以為自己幫你收窄了選擇範圍，事實上，卻是留下海量的選擇，讓對方去篩選。**

如果男人想讓你知道一些事情，他們會直接說出口，因為自尊心作祟，若以暗示的婉轉形式表示，會使他們覺得有點彆扭，有失「男子氣概」。

・「沒有啊，只是隨便看看。」其實她很喜歡！

對男性來說，如果真的有一樣東西是自己很想要、很想得到的，大多就直接買回家了。每個男人內心多少有一定程度的大男人主義，覺得自己的事，自己負責，那自己喜歡的東西，就自己買吧。

有時經過玩具店或汽車零件店，男人會目不轉睛地盯著心儀的玩具和零件，就好像女生看到華衣美包一樣。

當你問男人是否喜歡那個模型時，他會直認不諱。

然而，當你問女人是否喜歡那個包包，**她有可能說：「沒有啊，只是隨便看看。」對的，她已暗示了自己是喜歡的了，她覺得你會看到她剛才是用依依不捨的眼神望著那個包包。**

可是，男人在「表達」和「理解」這兩方面，都是直線前進的。**他可能有看出女人依**

依不捨的眼神，但因為他已開口直接詢問，而女人也直接告知「沒有啊」，他只會認為自己看錯了，以為女人沒有喜歡。

千萬別高估男人的理解能力，尤其在感情方面。

同一情況，看到心儀玩具的男人就不擅長掩飾這份喜歡之情，喜惡的表達如同小朋友看到玩具時，開心、興奮般直接，他會雙眼發光，肯定地告訴你，他好喜歡這東西啊！

猜心，會猜成積怨

我們很喜歡讓另一半去「猜」，有人覺得這是一份情趣，有人則是恨不得對方擁有那種「假如你夠愛我，就不用我說出口」的敏銳。

可惜的是，有時縱然對方已用盡心思去猜，到頭來還是猜錯，或者沒有猜對重點。

然而，當這樣的情況日積月累，你出的謎題愈多，對方猜錯的機會也愈來愈多，你便愈覺得對方不了解你、不懂你，然後無意中產生積怨。這個溝通的問題相對地也就愈難解決了。

你有沒有給對方了解你的機會呢？

也許有不少人認為「只要對方夠愛我，就應該很懂我」，但事實上是：要別人讀懂你，也得你先開放自己，讓別人有讀懂你的機會才行啊！你要坦誠以待，直接告知內心的想法，才能讓想了解你的人有機會懂你。別老是讓人猜不透，看不穿。

溝通是增進了解的方法，但永遠都是「雙向」的，而不是靠單向的「猜」。所以在指責對方不懂你之前，該想想：那你有沒有給對方了解你的機會呢？

要是你清楚地說了，對方也不懂你，那才是對方的問題。

保持神祕感確實是有吸引力的，但一個人假使每件事都愛故弄玄虛，就有點讓人卻步及煩厭了。

心理師的透視鏡

你出的謎題愈多↓他猜錯的機會也愈來愈多↓你覺得他「變得不懂你」，他覺得你「變得難搞」↓不滿愈積愈多，你們的溝通漸漸走向死路一條。

過去的陰影傷了現在的感情，怎麼辦？

一個傷心女子的來信

過往不好的愛情經歷若沒有處理好，造成那段無法觸摸的陰影更深印入記憶，可能為人心帶來多大的影響、多大的傷害？

有一天，我的情感諮詢信箱收到一封來信，那是個叫乙玲的女孩，由於前一段戀情令她受傷太深，陰影纏擾不去，間接影響到新戀情的發展，使她非常苦惱。

戒斷曖昧

隼人老師：

你好，我和現任男友在一起已經半年了，時間不短，但可能是我上一段感情被劈腿的渣男傷過，所以對現在的男友，常抱有懷疑的心態。我們每晚都會通電話聊天，話題從日常生活到將來的計畫都有，只是，每當男友想再深入談我們之間的事，被前任傷害的記憶又會像夢魘一樣無故出現。

例如前天，男友說他只是單純與朋友聚餐，就在當晚，看到他上傳到社交網路的照片中，有幾個打扮性感的女生，我不禁生氣起來，但我已分不清這是吃醋，還是不相信他。面對我的激烈反應，他費了很大的力氣把事情始末向我解釋清楚，但我心裡很明白，雙方的關係已有了一道傷痕。

捫心自問，我不是不願意相信男人，但我真的很怕再被傷害。可能是我特別沒有安全感，也可能是過去經歷餘留的後遺症。我不想因為這樣而孤苦伶仃，你可以教教我怎麼做嗎？

乙玲上

乙玲的故事並非特例。曾經受過的傷，尤其當傷痕直錐入心，是很難抹滅的，你以為傷口早已癒合，沒想到一點點類似情境就喚出了那股痛楚。

所以，我特地寫下這封長長的回信，寫給每一個「乙玲」，寫給鼓起勇氣，決心要好好面對過往的你。

在愛情中，你想得到什麼？

乙玲，你好：

謝謝你肯把自己的擔心和憂慮與我分享。

首先，你說你不想孤苦伶仃，其實你現在不是已經有男朋友了嗎？**如果在一段感情裡，你仍然存在著一定的孤單感，那麼，你真應該讓自己緩一緩，好好想一想：在愛情當中，你想得到的是什麼。**

這裡所指的獲得不是物質上的，而是心理上、靈欲方面的。一段健全的感情生活可以讓心靈變得富足，因為多了另一個人的支持和愛護，你會從中得到多一倍的心理支援。

相反地，**一段生了病的感情將把你本來就已千瘡百孔的生活，更加顯露出來，這一面「照妖鏡」每日定時定刻地提醒著你，你的生活是多麼的孤獨，口裡雖說愛著，但兩人卻是貌合神離。**

以你的情況來看，原本，另一半應該代表著交託和信任，還有互相扶持成長，但你現在只看到這個小小缺口，可能單單一張相片，就使你對另一半的信心有如堤壩上的一道小裂痕，你的擔憂造成它慢慢擴大。直到有一天，這道代表「信任」的堤壩潰堤，最後因對另一半完全失去信心，而覺得他是個花心蘿蔔，斷送了一段大好姻緣。

沒錯，吃醋永遠是女人的專利，但有時吃乾醋也得有個譜吧，不用一下子把莫須有的罪名推到他的身上。情侶之間吵架是十分平常的事情，既然他願意花盡心思去解釋，說明他對你的心也是敞開的。

．事情有正、反兩面，重點是你的看法

雖然你說，你倆在感情上已有一道傷痕，但在我眼中，覺得未必是無藥可救。

就像很多人一樣，你在感情上遇到的主要阻力是由於對另一半缺乏安全感。既然知道問題所在，一切就變得容易了。

首先，我明白你被前任傷害過，會使你對人性失去信心，但我們也不能一朝被蛇咬，十年怕草繩。

要克服這個陰影，就只有靠自己的能力，誰也幫不了你。

請你記住：**安全感從來都不是從別人身上而來的**。事情永遠都有正、反兩面，是正是反，重點是你的看法。

改變看法這個過程，從來都沒有什麼捷徑，你唯一可以做到的就是多和另一半相處，透過一點一滴的時間去證明自己的看法，看清楚他的人品，看他怎樣待人處事，從中累積信任。眼前這個男生已不是你的前任，你不需要用同一個標準來批判他，這樣無論對他或對你，都不公平。

另一方面，請你試試將心比己。如果你是他——他一直在愛你，對你既堅持且專一，但相反地，從你身上換得的是誤會和懷疑。受著這樣的委屈，一個正常人可以堅持多久？不管他有多愛你，誰都不會喜歡在清白的情況下，被說成「壞人」。

・你準備好面對挑戰了嗎？

對你說這些，不是煽動你做什麼決定或放棄什麼。而是要你有個心理準備，日後，你們只要還在一起，兩人的感情難免會遇到許多大風大浪，現在不充分做好覺悟，面臨情海翻波時，只會手足無措。

這一刻你要做的是先靜下來，好好地問問自己：**你是真心喜歡這個人嗎？**以及在信的開頭，我請你去想的：**在愛情當中，你想得到的是什麼。**

如果你覺得眼前這個人是值得去爭取的，我絕對支持你堅持下去。若你是真心喜歡他，就這樣輕言放棄，難保有一天後悔。

有個十分著名的寓言故事《誰搬走了我的乳酪》，藉著兩隻小老鼠和兩個小矮人在迷宮裡尋找乳酪的整個過程，來說明人們在面對工作中或生活中的「變化」，所可能會做出的反應。乳酪其實是一種譬喻，它可以變成我們生命當中最想得到的東西。

緊抱著過去、活在陰影當中自欺欺人是十分容易的事，因為你不需要做出任何「改變」。但相反地，你若要放手和放心去改變自己，要面對的就會是一連串的不肯定和不安。問問自己：你準備好面對挑戰了嗎？

心理師的透視鏡

誠實地問問自己：

- 你是真心喜歡這個人嗎？
- 在愛情當中，你想得到的是什麼？

「愛情舒適圈」，真的安全又舒適嗎？

你給自己圍了一個多大的「舒適圈」呢？

在人類的生理和心理系統發展上，有一種無形的東西是不管男或女都十分渴求的，那就是「安全感」。

在女性的感情世界裡，安全感有如精神食糧，一段缺乏安全感的感情很快就會崩壞。

我曾經在婚戀公司擔任心理顧問，當時負責的工作頗特別，除了幫助單身男女疏導關於感情的心情和疑惑，另一方面，也需要教導他們如何在異性面前展現或表達自己的長處，進而增加吸引異性青睞的機會。不僅一步一步地引導他們、教會他們，如何成為既有內涵又有吸引力的人，也協助他們排練約會時可能會碰到的情況，為約會做足準備。

在這家公司工作的那幾年，我發現了一個十分有趣的現象：女人在人生各方面愈是成功，包括工作、經濟、家庭、學歷等，她為自己所圍出的「舒適圈」就愈大。

走不出舒適圈，因為「怕」

在深入探討過不同的個案之後，發現她們設立舒適圈的原因，最主要為以下幾種：

一、怕被傷害。
二、怕浪費時間和青春。
三、怕被騙。

聰明的你，有看出共通點嗎？

對，就是一個「**怕**」字。

人生愈是成功，往往發現可輸掉的東西也愈多。無論是時間、感情、金錢、青春等等，對於她們來說都絕對是得來不易的「成本」。

也因為有這樣的想法，使得許多女性沒有勇氣在愛情路上跨出第一步，而「舒適圈」就是她們需要緊緊把關的最後一道防線。

缺乏冒險精神的女性，不管內心多麼渴望得到一段關係，或是多希望擁有另一半的愛和關心，但是，**由於沒有勇氣走出自己為自己設立的舒適圈，最後只能夠在起跑線上乾等，眼睜睜地看著別的情侶一對又一對地走過幸福的終點線，自己則繼續活在寂寞的國度。**

你的心裡，也有這樣的空洞和恐懼嗎？

就像阿怡，剛過了四十歲生日，步入人生另一個階段的她，原本應該好好慶祝一番，但她的心裡藏著一份不安感。

阿怡多年來在事業上打拚，成為房地產公司的總經理，收入豐厚，在生活本就不易的大都會，早已擁有屬於自己的房子，日常代步的是歐洲進口跑車。

在許多人眼中，她是個出入上流社會的天之驕女，令旁人豔羨。到底，她心中的不安感來自什麼地方呢？

毫無疑問地，在事業和金錢方面，阿怡都是十分出類拔萃的，然而在愛情方面，今年她又是「繳白卷」。

自從兩年前和相戀了足足八年的男朋友分手之後，其實機會並不少，但她一直都沒有再遇到另一個可以令她心動的男人。眼看著身邊好友一個又一個結婚、生子，或有甜蜜戀人，自己卻仍然孤身一人，平時在職場上表現強悍的她，感覺心裡在感情方面的空洞愈來愈大。

問題到底出在哪裡？

其實是因為，她一直都活在上一段感情所留下的傷害當中。**遇到了看得順眼、有好感的男人，但都因為她「害怕會失去」而不敢與對方有所發展；甚至因為怕開始，反而疏遠對方。另外，就算有人追求，她也因為害怕對方心懷不軌而處處提防，顯得小心翼翼，最後會用盡一切方法，令對方知難而退。**

結果就是她未能打開心窗，給自己和別人一個機會。

你的幸福，決定在你

接觸了許多女性個案，使我理解到：有著保護自己的心，是所有女性人生必要的基本防衛，但過分地把自己的「舒適圈」無限制擴大，是否有必要呢？**人生在世，許多事情不是你做好風險管理就代表安全了**，更何況現在說的是虛無縹緲的「愛情」。

人算不如天算，愛情這東西一向都不能預測，既摸不到，也捉不住，所以有時想得到一些甜頭，難免要不計得失地付出。

當然，不是要你對喜歡上的人死纏爛打，更不是要你不理性地隨便找一個對象發展。只是希望你明白：能不能為自己造就幸福，掌握著這個重大決定權的人，永遠是你自己。

與其到最後懊悔自己錯過了這個機會、那個人，倒不如放掉當下的猶豫不決，放膽一試！最後不管是能走進禮堂，還是一無所獲，這都是你自己選擇的。

從零開始，以時間累積信任

如果你問我：「我應該怎樣走出自己的舒適圈呢？」我會引用這句名言來引導你：「舒適圈就是失敗圈，成功者永遠走在恐懼的邊緣。」

沒錯，活在自己圍出的舒適圈中，就有如在自己的臥房裡一樣舒服，這份無拘無束的感覺當然令人嚮往。但想深一層，人生總不能只活在舒適之中，正如有時你也想去逛逛，到戶外呼吸一下新鮮空氣。這雖然也代表一定的風險，可是有時也要為滿足自己的好奇心而出外闖闖啊！

走出舒適圈，無疑是一種冒險，但你可曾反問自己：**如果不嘗試，這一成不變的人生、這一份從來都不會進步的枯燥，你又受得了嗎？日後會不會為此後悔呢？**

或者，可以試試另一種方法：把你一直引以自豪的安全區慢慢擴充，從零開始，雙方由朋友起步，這樣會不會容易點呢？信任從來都是一點一滴，慢慢以時間累積的。

是該想清楚的時候了：**你為自己設定的是保障自己的舒適圈，還是束縛住自己的金剛圈呢？**

男人比女人更沒安全感，你知道嗎？

男性的行為，暴露出他們缺少安全感

我們常聽說在一段感情中覺得沒有安全感的，大多數都是女性。但事實上，男性在戀愛中缺乏安全感的比例，遠遠比我們所想像的還要多，只是礙於自尊，男性並不曾把「沒有安全感」掛在嘴邊。不過，只要細心觀察，不難發現他們的行為輕易暴露出了缺乏安全感這一環。

安全感的多與寡，跟自身條件的好與壞並沒有太大關係，就算樣貌俊朗、高薪厚職的人，在戀愛中也可能會是缺乏安全感的人。這主要是源於欠缺自信及容易鑽牛角尖。

職場呼風喚雨的男人，對婚姻充滿不安

我的好朋友和彥是生意人，每個月，有大部分的時間總是去外地跑生意、會見客戶，回家的時間少之又少。這樣的模式，對他來說原不是太大的問題，因為身為生意人，這種「空中飛人」的日子早就成為他生活的一部分。

但就在一年前，和彥與交往四年的女朋友結婚了，漸漸地，他才發覺這種生活模式原來有很大的問題。

婚後，和彥的生活並無太大的改變，仍是過著當「空中飛人」，常常與旅行箱為伴的日子；相反地，他的妻子每天待在家裡，平日都是上上美容院，或者去健身房做運動。這樣的日子，當然造成兩人的相處時間非常不足，不要說吵架了，連溝通、聊天，對他們來說都變得奢侈。

有天，忙碌得連睡覺時間都不夠的和彥竟然主動約我吃飯。這個主動邀約朋友的行為，與平時冷冷的他有著天壤之別，我心知這餐飯吃得不單純。

我準時到達約定的餐廳，和彥老早就到了，不大碰酒的他卻已先點了杯酒，喝得所剩不多，不難推算出他早已心焦地等待了一段時間。

我才剛坐定，看似滿懷心事的他便開門見山地對我說：「我很擔心我的婚姻總有一天會出狀況……」由於他對此感到愈來愈焦慮，想到我這個好友有擔任多年感情輔導的經驗，所以特別找我出來，想問問我的專業意見。

和彥說，他明白自己經常不在家，這樣的生活模式實在冷落了嬌妻，所以，雖然妻子沒有微詞，但他只要有時間都會放在太太身上，作為補償。

不過近來，他發現結婚不到一年的妻子常常早出晚歸，就算平時他難得在家，太太都照樣外出，不會留在他身邊。

「其實仔細想想，從交往到婚後，她對我的態度一直都沒有改變，可是我卻變得愈來愈在意她出門沒有交代去向，對我回到家也沒有表達關心。我覺得愈來愈不安，只要她出門，我就不開心，我們開始常為此起爭執……」

和彥在職場上可說是呼風喚雨。自信滿滿的他，對生意伙伴的心意從來都是掌握得絲毫不差。唯獨對於枕邊人，他卻充滿了濃濃的不安感……

用錯方法表達愛，可能毀掉一段感情

在一段沒有安全感的感情中，男方有時會單單由於對方一時忙碌，忘了回覆訊息，或是因為對方一時沒接起電話，而開始聯想、懷疑對方有所隱瞞或出軌；要是女友因其他事而取消約會或改期，會激使他更加抓狂，覺得對方「一定有問題」。

對一個缺少安全感的男人而言，戀愛就是他的全部，基本上沒有任何事可以比他們的約會還重要。

在他心裡對於這段關係的不安，往往是由這些小事開始慢慢累積，由於害怕被拋棄，他會開始試著以控制的方法去限制對方，務求這段感情可以按他的方式進行，不會出亂子。

想深一層，其實他的內心深處是脆弱的，可惜卻錯誤運用狂暴的方式表現出來，最後反而逼使女方不堪受壓而離去，但他還不知原來是他的愛讓對方離開的。

用錯方法去表達愛，可能使一段感情走向毀滅性的終結。更極端的表現，甚至可能讓他變身「恐怖情人」（**見第一三四頁的〈他是不是恐怖情人？〉一文**）。

缺少安全感的你，需要學習「自我滿足」

缺乏安全感，會令人變得衝動，要改善這個問題，不是要對方為你做些什麼，而是要「由自己做起」。因為**安全感不是對方給予你的，而是需要我們自我滿足的。**

那麼，我們怎樣才能滿足自己？

・首先，接受自己的不完美

首先，我們要接受自己的不完美。世上沒有完人，如果常常將自我的不足拿出來與別人比較，只會愈來愈沒自信。所以，請集中在自我的長處上，多做自己能做得好、做得出色的事情，從這方面去增加信心。

・其次，為自己創造獨處空間

再者，要花點時間去發掘自己的興趣，創造多一些獨處空間，去愛惜自己。讓自己的生活除了愛情之外，還可以在其他方面感到滿足。

．當質疑的念頭出現，離開現場，冷卻衝動

此外，每當想質疑另一半時，請你都要先冷靜下來。我明白在不安和煩惱遮蓋之下，實在很難冷靜，但請不要讓自己一時的衝動而破壞關係。

我會建議你先獨自離開一會兒，出外走走，使自己的情緒穩定下來，再細心想想剛才發生的事，不要與對方硬碰硬。通常在冷靜過後，你會發現，原本想質疑的都是不合理的，只是心裡的不安全感讓你反應過度了。

若伴侶缺少安全感，你可以怎麼做？

而面對缺乏安全感的男友或丈夫，女人可以怎樣應付？

．硬碰硬或好意關心，這時都沒有用

所有的問題都需要對症下藥，當然要先了解對方在這段關係中覺得沒有安全感的原因。

但正如前面提到的，沒安全感的男人有時會惱羞成怒，質疑你及想要控制你，又或者發脾氣，不和你溝通。此時，先別急著去問他「為何如此」；與他硬拚、吵架，也無助於了解問題的根本。

因為缺乏安全感的男人總是帶著憤怒的，如果這個時候你試著去關心他，毫無疑問地有如燈蛾撲火，引火自焚。在這種狀態下，不管你抱持的原意有多好、說的話多有道理，男人也根本不屑一顧，完全聽不進耳。更可怕的情況是，你滿懷好意地關心和問候，在他眼中可能只是滿口道理、喋喋不休的囉嗦，最後反而被他罵得狗血淋頭，難以下台。

・先讓他好好躲進自己的「情緒洞穴」裡

就如《男人來自火星，女人來自金星》一書的作者約翰・葛瑞博士所說，男人需要一個洞穴，在適當的時候，他會進去自己的洞穴裡冷靜思考，發怒後，也會把自己關進他的洞穴，**你就別著急地硬要把他拉出來碎碎念吧**。

他不像你所想的那樣剛強，也有缺乏安全感的脆弱時刻，要克服這個問題，是需要好好練習的。

・男性情感的細膩，不輸給女人

好了，這時先不能跟他溝通，那你可以做些什麼？

首先要做的，是**檢視一下你們倆的相處模式**，包括你對他的態度、你們之間溝通的程度等等，或許你這才發現對他的心思還不夠細密。例如你出外與朋友聚會，可有主動告訴他是和哪一群朋友？雖說他不一定主動詢問，以免讓你覺得他好像有點小家子氣，但其實他心裡是很想知道及確認的，終究他會擔心你是否與異性朋友相約，那何不主動交代，好讓他安心。

另外，你平日在他面前的表現是否過分剛強？可能是相處久了，忘了撒嬌這件事？並非得刻意裝弱或向對方示弱，而是當你需要幫忙時，盡量第一個找他，讓他在你們的關係中產生有能力感，知道你是需要他的，你信賴他。

面對男人的不安全感，要注意安撫他們敏感的情緒，有時男性情感之細膩並不輸女人呢！無論他在外頭表現得怎樣強，在你身邊，他也會變回小孩子。花些心思呵護，溫柔地坦誠對待，將能消除他們的不安全感。

男女之間，有「純友誼」嗎？

提到曖昧，有一個主題與其關係千絲萬縷，密不可分，那就是男女之間的「純友誼」。我在感情諮商工作中，最常聽到案主問的問題之一就是：**男女之間真的有單純的友誼存在嗎？這樣的關係到底代表了什麼意義？**有的案主正身受某段異性的「友情」所困擾，有人則是一方面忍不住懷疑伴侶和異性好友間所謂的「純友誼」，但一方面又對自我的疑心病感到罪惡，自責為何不信任伴侶。

所以在此，我們要來好好探討一下這種「純友誼」是否真的存在，或者，它只是玩弄曖昧行為的一個代名詞？

友誼，不是一種簡單的情感

心理學家將「友誼」定義成一種「在兩個人之間自發產生的相互依賴的情感，它包含了不同程度和類型的陪伴、親密、喜愛及互相幫助」。定義其實非常含糊，看似簡單的友情，即使從科學角度去解釋也說不清。在這裡，我們就從最單純的少男少女之間的友誼講起。

許多人在生命中也曾有這樣的好朋友吧：就像轟動一時的戲劇《我可能不會愛你》裡的程又青和李大仁，在漫長的青春歲月，那個男孩或女孩總是陪伴在你的身邊，陪你笑，陪你哭，陪你走過了那段年少時光，你覺得兩人無話不談，甚至臭味相投。又或者你們對彼此說過「我才不會愛上你」，也曾如此戲說：「如果有一天，我們都變老、變醜了，都還是單身，我會照顧你下半生，不離不棄……」

那時的你們可能還不懂什麼是愛情，思念著一個人的牽腸掛肚，愛著一個人的肝腸寸斷，一切都有如天外之物般陌生。在你眼中，只要有這個好朋友在身旁，大家單純地一同補課、準備考試、做了錯事一起擔心受罰，又或者在別人面前以兄弟姊妹相稱，這一切已經是人生中最滿足、最難得的事情。

女友和紅粉知己，誰才是介入者？

就像我的心理輔導個案小林，她來找我，是因為她和交往兩年多的男朋友阿中鬧翻了。兩人鬧翻的導火線是一段十分「微妙」的三角關係。

交往的這兩年多，小林和阿中之間一直夾了一個男友的「紅粉知己」。她是阿中從小學就認識的好朋友，一同長大，一起當背包客出國浪遊。二十多年的相處光陰，只需一個眼神，就能知道對方心中所想。相較與小林的短短兩、三年，愛情變得輕於鴻毛，被比了下去。

在不知情的人眼中，會覺得這兩個知己才是天生一對，而小林的出現，就像是這段關係中的一個意外，一段插曲。小林向阿中傾訴過無數次，感到自己有時像個介入者，把心裡的不安感原原本本地對他訴說，然而，阿中每一次給的回覆都是——斬釘截鐵地說他倆只是好朋友，一輩子都只會是單純的友誼關係。

也因為這個原因，兩人終究鬧翻了。

小林和阿中要到法國旅遊。是法國啊！在小林的期待中，這將是一趟只屬於他們小倆口的浪漫之旅，她喜孜孜地與阿中一起準備著，訂好了所有的飯店與行程。

沒想到就在出發的一個月前，阿中對小林說：「我想跟你商量一件事，關於我們的法國之旅……」

真是青天霹靂！那個「紅粉知己」，竟然要求與他們「三人行」！

「她說她也沒有去過法國，而且覺得我們的行程十分吸引人……想想，我們法語不通，人生地不熟，多一個人可以互相照顧，多個旅伴也可以玩得更開心，你說對不對？」

阿中說得臉不紅氣不喘，一副理所當然的樣子，似乎不認為這樣更把小林對他倆關係的質疑，推到了極致。小林感到哭笑不得，只覺世界轟隆隆在眼前旋轉。

究竟這三人行的關係，還得維持多久呢？男友和知己之間，是否有著真真正正的純友誼呢？

長久積累的委屈和不滿終於大爆發，她再也受不了了！

你自己也不清楚，這是友情？還是愛情？

像這種連自己都弄不清彼此是友情還是愛情的感覺，我想許多人都經歷過。一開始，大家確實因有著共同話題和興趣，而成為無所不談的好朋友。但是再發展下去，要保持這份友誼的「純」，需要面對許多挑戰，主要有以下這兩點：

・日久生情，等你發現時已陷進去了

最虐人的一關就是「日久生情」。自我揭露感和熟悉感，會在雙方之間產生一種原始的吸引力，而這種吸引力是會慢慢釋放的。也就是說，**隨著時間積累，相處愈久，這種吸引力會在人們毫不察覺的時候，漸漸變成了愛的感覺。**

雖然兩個人始於單純的朋友關係，但日子久了，不能確保哪一方會先生愛意，又或是雙方都已墜情網，就算沒有一方進一步地表白，表面上維持好朋友關係，內心卻是壓抑著自己的情感，對這段關係也會添上不同的懷疑和幻想，「單純」已再難維持了。

・要保持單純，很難，很難

再者，**如果你不是對一個人有好感，喜歡對方，你又怎會想跟他做朋友呢？**

男女之間有著天然的「性吸引力」，所以有異性相吸之說。這種性吸引力讓人很容易產生緊張和心動的錯覺。這是日久生情外的另一個挑戰，保持「單純」，可謂困難重重。

所謂的「純」，只是大家各保留一份拘謹

從許多的個案經驗來看，我不太相信男女之間可以保持純友誼。這份友誼中所謂的「純」，只是大家各保留一份拘謹，把好友的曖昧留在心底。友達以上、戀人未滿的關係，得來不易。

心理師的透視鏡

別再自欺欺人了。
你們會成為「好朋友」，其實是先天性吸引力加後天日久生情的結果。
男女之間所謂的「純」友誼，只是大家還沒說破，把曖昧的情愫留在心底。

有了戀人，就得放棄朋友嗎？

女孩的煩惱

趁著空檔，我到公司附近的一家咖啡廳去寫作和找靈感。小小的咖啡廳裝潢雖舊，但十分有氣氛，適合思考。

這天，剛好在此遇到了朋友，她孤身坐在咖啡廳一角，不知是否牆上發黃的海報襯出她的落寞，看起來完全不像剛脫單三個月的熱戀期女孩，和那天興奮地跟我分享與新男友合照的甜滋滋模樣，判若兩人。

出於朋友的關心及心理師的專業直覺，我決定問問她究竟發生什麼事。

「跟男友吵架了嗎？」

我單刀直入的提問讓她瞬間紅了眼眶。「也不算吵架啦。」她說男友對她很好，在一起時也很開心，「只是有一件事情一直讓我覺得很困擾……」

男友和她交往前，有一位很要好的女性朋友，兩人差不多一星期會見面一次，吃飯聊天，有時也會一起看電影。原本她以為男友跟她在一起後，會避一下，減少與這個女性朋友單獨約會，怎料他們的約會模式仍然沒有改變。

她向男友表示自己對此感到不安，然而，男友卻認為她太霸道，反問她：「那女的只是好朋友。難道我有了戀人，就得放棄朋友嗎？」

你的「好朋友」，也只把你當朋友嗎？

我想這情況並不少見，許多情侶也有這個煩惱吧。雖然自己是信任對方的，可是對於另一半跟異性單獨約會，卻是怎樣也無法安心。

而對另一方來說，可能認為自己行得正，忠於伴侶，對好友也沒有遐想，哪需要擔心。但你確定那位「好朋友」也是如此嗎？我就有過這樣一段經歷。

在婚戀公司工作期間，大部分的同事都是女性，身為少數族群的我常常是形單影隻。但是有一位女同事與我特別投契，我們每天都一起共進午餐，由於共同話題特別多，每天總有說不完的事情，毫無冷場。但各位別誤會，這位女同事有個很要好的男朋友，那年的年底就要結婚了。對於她，我只是當作普通朋友一樣，沒有非分之想。

我們朝夕相處，有時下班見到她的未婚夫，我也會點頭問好。就這樣，時間到了年底。某天又一起共進午餐，她說：「我要辭職，去結婚了……」這應該是開心的事，但很奇怪地，她卻愈講頭愈低，久久沒抬起。

「恭喜你。」我對她送上祝福，她一聽就抬起頭，盯著我看。我發現她的眼睛有點濕。接著，她告訴我一件我完全沒想到的事情——原來我只當她是知己，她卻暗暗對我心有所屬……

有時就是這樣，神女有心，襄王無夢，**一直留在身邊的紅顏知己心意，可能連你自己也不知道。你又憑什麼肯定這位異性朋友對你沒有非分之想呢？**

另一半相信你，不代表相信你的朋友

兩個人走在一起，沒有進展成情侶有很多原因，可能對方已有對象，也可能大家不想冒險破壞得來不易的友誼。或者，可能像我朋友的男友一樣，真的只覺得對方是好朋友，沒什麼好擔心的。

但是，**我們也要站在另一半的立場想想，顧及你愛的那人的感受。一段成功的關係是建立在「信任」上，這是感情能夠穩固的基石，但不代表你可以隨便亂用。因為你要明白，你的另一半相信你，不代表他會相信你的朋友。**

如果大家都確認了是好朋友而已，何不大方地帶另一半參加你們的聚會？雖說未必每次都要帶著另一半參加，但起碼在剛開始的時候，介紹彼此認識，亦讓另一半跟好友有相處的機會。這樣也能增加伴侶對你朋友的信任度，那麼你們偶爾單獨約會，他也不會胡思亂想。

當然，如果你有考慮到伴侶的感受，也會懂得好好迴避，最好是約幾個朋友一起，盡量不要單獨約會，以免讓伴侶覺得難受。

其實，如果對方單純當你是好朋友，通常會比你識相，進而減少約你單獨見面，或者主動邀請你和另一半一起吃飯。

所以如果你告訴好友，因為不想另一半不高興，不跟他單獨約會了，而對方會憤怒或從此疏遠你，多半也證明這位就是「神女有心」的朋友，對你的友誼早就不單純。

真正愛護你的人，會明白及理解你的憂慮

如果你是我朋友的角色，擔心著另一半與好友的關係，我的建議是：**你要開心見誠地與他溝通。不是質問「你們約會都在聊什麼？」或質疑「好朋友需要那麼常見面嗎？」，而是找個氣氛安靜的地點，兩人都情緒平穩的時機，和緩地表達你的不安心情，目的是讓他了解你也看重他和朋友的友情，就像你對你們關係的重視與珍惜。**

真正愛護你的人，自然會明白及理解你的憂慮，而迴避、自律，不做出一些令你不開心、甚至可能危及你們關係的行為。

如果他一意孤行，只代表他對你的愛是有限的。

真的只是乾妹妹嗎？

一輩子的好哥哥？

有一天，我去探望外婆，遇見了表妹。她是獨生女，視我這個表兄如親哥哥，那天，她開心地跟我聊起另一個親如兄長的大哥。

這段時間，身邊有位大六歲的「乾哥哥」很照顧她，既會陪她逛街、請她吃飯，還幫她挑選禮物送給男友，對她照顧得無微不至。這一份體貼入微的感情，令身為獨生女的她被迷得神魂顛倒，笑說：「這個男生會是我一輩子的好哥哥。」

看著眼前這個入世未深的青春少女，真不知道是好笑，還是好呆。我冷笑一聲回應說：「那個乾哥哥是喜歡你吧！」

「沒有啦，我們的關係很單純。」我單純的表妹是真心認為如此。

女友只能有一位，乾妹妹可以無限多

依我看來，**乾妹妹與乾哥哥的關係根本就是絕對的曖昧**。男生想要認對方做乾妹妹，其實一開始心裡就已有「喜歡」這個元素存在。當然，喜歡可以是不同程度的，但至少有最基本的好感，所以所謂「單純」的動機可以被推翻了。

另外，女友只可以有一位（**感情玩家並不適用**），但「乾妹妹」這個獨特身分卻可以有無窮無盡的。男人認乾妹妹有時是為了找候補，他可以同時擁有幾個乾妹妹，然後當他一旦回復單身，就可以向乾妹妹靠近，而因已有感情基礎，往後發展的配對成功率也會提高。

有時候，男生會將他曾經喜歡但追不到手的女孩認作乾妹妹。這個再曖昧不過的動作，主要是用來化解日後相處的尷尬。既可維持比好友更親密的關係，亦可一直守候在女孩身邊，細心觀察，伺機而動，或許在不久的將來有了機會，能成功地乘虛而入，把乾妹妹變成女友。

認乾妹妹，為了滿足自尊心

另一方面，男生喜歡認乾妹妹也為了滿足自尊心。

男性的安全感，有一部分是來自於自尊和實力的。試想，如果一個男性有本事去照顧不同的女性，那是對他能力最好的一種證明，同時，可以從對方身上看到自己的獨有價值。

更重要的是，男性的自尊心和滿足感是來自被女性需要，不管是他的女友、好友，還是乾妹妹，這可以滿足一種原始大男人主義的渴求。每當有女生表示需要他幫忙，他便自然覺得自己是有能力的人，比其他人都強。

那麼，「乾姊姊與乾弟弟」呢？相對於乾妹妹，乾姊姊和乾弟弟的情況相對較少。雖然姊弟戀的例子現在愈來愈常見，但男人的內心總希望自己以強者身分出現，做一個可以遮風擋雨的人。乾弟弟的身分，卻讓他轉眼之間變成了被保護和被照顧的角色——男性最不樂見的，就是把自己裝扮成一個弱者。

綜合以上的分析之後，你說，認乾妹妹的動機真的單純嗎？

她忽冷忽熱，我如何保持關係恆溫？

到底該繼續？還是該放棄？

阿明是公司的行政助理，平常負責遞送文件，或者幫同事處理手頭瑣碎的簡單工作。雖然他樂於助人，工作能力備受肯定，但他自認只是個存活在辦公室食物鏈下游、再普通不過的辦公室助理，有著再平凡不過的外表，很難有女生對他看得上眼。

在一次因緣巧合下，阿明的乾媽介紹了一個女孩給他。女孩給人的感覺很舒服，談吐得體，阿明對她可說是一見鍾情，深深受她吸引。

交換了聯絡方式之後，阿明經常主動對她嘘寒問暖，關心得無微不至。相反地，女孩對阿明的態度卻若即若離，有時馬上就有回音，有時又隔了好幾天才回他一則短短訊息或貼圖。好幾次，阿明試著約她見面，都遭到拒絕；可是當阿明感到氣餒，心想女孩其實對自己沒興趣，猶豫著是否該放棄，別變成糾纏對方時，她又連續好幾天很積極地聯繫。

這段若有似無的關係，使阿明十分迷茫。

有天，他終於鼓起勇氣向女孩問清楚，並且決定了，如果對方真的沒有這份心意，他也就放棄，不再聯絡。

但令他百思不解的是，女生回覆：「**我們可以繼續這樣下去，多了解一下彼此，我對你也滿有好感的。**」

收到這樣的回應，如果你是阿明，你會怎麼想？變得更迷茫？還是又再度點燃追求的欲望呢？

是欲擒故縱？還是真的變冷淡了？

來自金星的女性，對於男性來說實在是太複雜了，無論對方是什麼身分，同事、朋友、家人、情人、妻子或女兒，永遠都令人看不透。

其中最讓男性頭痛的問題之一是：初相識時，對自己「放線」的她，到底是出於什麼樣的心態？

女生主動放線，常常是想營造「欲擒故縱」的效果，桃花運較強的女生更是將這個技能運用得出神入化、收放自如。但是站在男性的角度，正在追求的對象到底是欲擒故縱，還是真的變冷淡了，一般實在很難分辨出來。遇到忽冷忽熱的她，到底該如何應對呢？

有一種玩家，只是在享受被追求

阿明故事中的這個女孩是典型的單純放線，對於對方卻沒有好感。如果有心繼續發展或真想多些了解，起碼會再次相約見面，才能好好聊天，互相認識。但是，她只與阿明見了一次面，從此就拒絕再約會，當阿明問自己是否沒機會時，女孩又說其實對他有好感——這樣做，只是想要阿明繼續對她好。

她享受的是被追求、被噓寒問暖的感覺。

有不少女生喜歡留著條件不合適、甚至是較差的男生在身邊，因為她們明白這些男性的選擇不多，較少機會認識異性，所以會更努力追自己。這種心態實在有點殘忍，她既不用做任何承諾，卻可以繼續從對方身上得到好處。

剛認識時的忽冷忽熱，可能是一種觀察

另有一類並非玩家心態的女生，彼此保持著約會、聯繫，但有時也會忽冷忽熱，做出拉遠雙方距離的行為。你可以怎樣應對？

先別急著討論她是不是「玩手段」的人，相反地，只是單純去想想：**為何她會對你卻步？有沒有什麼特別的原因？**

有可能，在與你幾次見面並加深認識之後，覺得你的性格或言行舉止等等有點不合她的要求，或是你身上有她不喜歡的地方，縱然對你有好感，但是到了要確立戀愛關係這個層面上，還是覺得你未達標準。

既然覺得你未合格或對你有所保留，她就會先退後一步，對你再做更詳細的觀察。這情況只是單純地表示了她的猶豫，還沒有拒絕你的意思。

這時，你應檢視自己的言行，反思一下：**自己是否做了些讓她在意或不安的事情？**

可以在聊天時，多詢問對方的喜好，閒談一下擇偶條件等等，盡量投其所好，避免在發展初期就碰壁。

女性的反應通常比較含蓄及保留，所以，如果她直接開口對你說：「我們還是做好朋友。」那就真的是這個意思，你別再多想了。

關係的天平要平衡

如果在彼此都有好感的基礎上，遇到她對你忽冷忽熱，那又該怎麼辦呢？

難得到手的東西，人才會更加珍惜，有一個心理定律是男女通用的：明明已確定彼此的好感，開始交往後，她卻變得忽冷忽熱，是期待你在無所適從之下，會付出更多追求的努力，目的是讓你對她投入更多愛。

但是，**這絕對不是一種良好的戀愛模式。當她「放掉」你時，你很自然地會擔心失去她，她便占盡上風。久而久之，情況將慢慢演變成只有其中單方付出，而另一方則習慣了接受，這樣的關係天平將得不到平衡。**

如果發現在你們的互動中，自己好像已慣性地被她的忽冷忽熱「牽著鼻子走」，可以試著以同樣方式去因應，她不找你，你也可以不找她。她對你冷，你就冷回去吧。

這不是賭氣，而是一種吃了秤砣鐵了心要找出答案的策略。要是對於你的回應，她無動於衷，毫不在意，那你應該知道不用繼續追求下去了。

但若是隔一段時間後，你再若無其事地聯絡她，而她也重新與你熱情對話，即代表她已嘗過被人冷淡以對的後果，學到了「中庸之道」，不會再對你做得太過分。

你害怕失去，她又何嘗不是呢？

在一段好的關係裡，雙方應該是平等相待的。

心理師的透視鏡

被忽冷忽熱地對待實在虐心，但遇上這種情況，你更要「停、看、聽」：停下急切的腳步，細細觀察事實，冷靜思考真相。

如果自覺老是被牽著鼻子走，請你認真考慮這究竟是不是「對」的關係。

愈快回我訊息，表示對我愈有好感？

有人說：一個人喜歡你的程度，與他回覆你訊息的速度成「正比」，假如另一半回你訊息變得愈來愈慢，很可能是他分了心神在其他東西或其他人身上，有可能你已經被取代，甚至在他的生活中被抹去了……

可是，這個說法真的對嗎？

秒回，因為重視你？

無論男性或女性，也不管是什麼年齡、背景，一般都會把自己重視的東西或事情放在第一位。以同樣的道理來說，當對方愈是喜歡你，愈會時時刻刻地想念著你，不管何時何地，都有一大堆不同的事情想要和你分享，這是受基本的心理作用影響。這時，他會想要讓你知道他的一切，也渴望成為第一個知道你事情的人。

但你是否想過，有些時候「秒回」不一定是好事。更何況，**也要看對方是在什麼時間秒回**呢。

愛玲經朋友介紹認識了必安，兩人一見如故，情投意合，很快就發展成為情侶。

在熱戀期時，兩人能以訊息徹夜聊天，整晚下來，手機得充電兩、三次才夠用。然而日子久了，愛玲發現這樣的相處好像有點問題，因為無論在任何時候，不管是白天工作時間，還是好夢正酣的凌晨時分，必安總可以「秒回」她的訊息。有時真令人想不透，他是不用工作呢？還是不用休息的機器人？

愛玲愈是了解必安的生活，就愈覺得不安，因為發現他在工作時只顧玩手機、回訊息，而下班後又只是宅在家，很少有其他活動，生活沒有目標。試著想像：生活如此單調、工作又不用心的男人，真能夠託付終身嗎？

由於有了這些觀察和擔憂，愛玲開始在與必安聊天時，刻意討論一些有關他們將來的問題，言談之間，完全透露了必安得過且過、走一步算一步的性格，對事業亦沒有上進心。她終於意識到兩人的價值觀及對未來的期望並不一致，最後向必安提出分手，結束了這段短命戀曲。

秒回，也許只是代表他不專心工作？

雖然另一半對你的訊息立刻回覆，表示他很喜歡你，也代表他十分重視你們之間的溝通和交流，但是想深一層：**如果對方在辦公時間內，可以對你發去的訊息「秒回」，這是否代表著他根本沒有專心在工作？**

每個人都喜歡有人關心，但如果對方上班時，經常性地回覆你的訊息，或主動傳訊息給你，又會不會代表著這個人對自己的工作和生活要求都不高，事事抱著得過且過的心態？

當然，不同的職業性質，情況不同，比如做銷售方面或自由度比較大的類型，工作隨時需要用到電話溝通，處理訊息往來的效率自然較高。不過，**透過對方回覆訊息的情況，提醒了我們要多加觀察、思考這些細節。**如果打算長遠發展下去，那麼另一半對工作或生活有沒有責任心，也是個必須考量的重點啊！

由此可見，時時刻刻秒回你訊息，不見得就是好事呢！

龜速才回，或已讀不回？

情況相反，等到你快忘了傳過訊息給對方時，才收到他的回覆，又是如何呢？

表面上看來，這真的很令人不悅及沮喪，但且慢，先別一竿子打翻整船人，讓我們來分析一下。

首先是龜速才回。前面提到了工作情況會影響回覆速度。如果你知道他的工作是非常沉重及繁忙的，而當他回你訊息的一刻，每每都是他剛下班或已慣性加班後的下班時刻，那也不用擔心，這證明了**工作一結束，他便馬上想起你，要回你訊息，你對他來說是重要的。**

至於已讀不回，也**要看清楚對方是長期這樣子，還是他真的需要一些時間去思考怎麼回覆你**。他是個害羞、內向的人嗎？我曾經有個個案盛偉，他是個內向的害羞男，在諮商的過程中，發現他常常對交往中的女生已讀不回，但明明他平常是秒回我的那種人。

我問他原因，得知原來他太重視這個女生了，深怕自己若回得太快，沒想清楚便胡亂回覆，會答錯問題或回錯答案，令對方留下壞印象。

我告訴他：「你回覆得這麼慢，對女生而言已是個壞印象啦！」

其實，訊息交流就是給彼此機會輕鬆地互相了解、加深認識，何必給自己壓力呢？

他「回什麼」，比回多快重要

訊息回覆快慢，確實可能反映出你在對方心目中的地位，但最重要的還是內容的品質。要是對方秒回，內容卻是唯唯諾諾、支吾以對，那肯定是在敷衍。**若是有心想了解你、與你發展下去的人，一定會不停地和你交流，問你問題，而不只是附和你。**

假如對方十分重視你和你們倆的感情，那麼即使沒有立刻回覆，也會在自己空閒時找你。

如果才認識沒多久，他便總是消失好一陣子後才出現，或者經常對你已讀不回，也許你該重新思考這個對象是否適合發展下去。但若已經很親密，而你又介意他回訊息的習慣，那就要好好與對方討論，讓他知道你的感受，因為「溝通」始終是愛情的基石。

建立屬於你們兩人的溝通默契

如果你也像盛偉，比較內斂、害羞，時常想了半天也想不到可以和對方說什麼，那麼，**不妨試試由自己日常的一件開心事說起，透過小事的分享加強了解彼此。並且，先以訊息溝通來熟悉與對方聊天的感覺，接著才慢慢加入電話聊天，可舒緩你的緊張及壓力。**

至於平時已心急「秒回」的朋友，或者喜歡說話多過文字溝通的你，可不要一開始就黏著對方，要對方與你馬拉松式地通電話。

凡事都需循序漸進。由於大家都是成年人，必定有工作和生活需要兼顧，不妨**每天約定一段雙方都比較空間的時間**，例如下班乘車回家時的幾十分鐘，彼此來個短短的關心和閒聊，這比馬拉松式的聊天更有樂趣，因為這樣既可讓對方知道你心中有他／她，另一方面，還可增強對於彼此的思念，不會令人覺得煩擾之餘，亦能增進親密感，一舉兩得。

每對情侶相處久了，彼此的溝通模式會自然而然地產生微妙的默契，這份只屬於兩人的溝通方式不會是一朝一夕產生，不過，只需要多花一點時間、多費一點心思，這種了然於胸的感覺，任何一對情人都可以培養得出來。

你以為愈主動傳訊息，代表你愈積極？

科技發達，人和人之間的距離也變得愈來愈近，現在人人都智慧型手機不離手，whatsapp、wechat、line，一天到晚說個不停。打電話給心儀的對象以話語傳情已不合時宜；相形之下，還是以文字訊息傳情更恰當。尤其是當大家初相識，彼此了解不深就通電話，往往會出現冷場，文字訊息則能使雙方更加輕鬆自在。

不過，以訊息聊天也有要留意的技巧。

選擇在黃昏或晚上傳訊

一天當中，在什麼時間傳訊給對方比較好呢？什麼時間發文字訊息，比較可能會石沉大海？

就像電話銷售員打電話行銷一樣，找對時機，效果加倍。我們一整天會接到許多通推銷電話和簡訊。但你有注意到嗎？不同的時間，你有心思去聽完或看完整通銷售資訊的機會也不同。

艾倫帶著煩惱來找我，他說每次有新認識的女生，無論是網友或朋友介紹的，都很快就無疾而終。「不知道為什麼，那些女生好像都不太喜歡跟我聊天。」

「你們聊天的頻率如何？」我問他詳情。

他說：「我傳了十句，結果她才回一句。」

天啊！**人家第一句話都還沒有回覆你，你何必再多傳九句呢?!**

「你都在什麼時候傳訊給人家？」我再細問，發現他傳訊息的時間也有點問題。

他給我看聊天紀錄，光是一個早上就已傳了十通訊息給對方，除非對方不用上班，否則也很難有人可以在早上與他閒聊吧！

早上，大家都工作繁忙，剛進公司，滿桌子都是待處理的文件、等著回覆的e-mail，或是準備開會。

就在這段最神經緊繃的時候，你發訊息也可能她沒空、沒心情回覆，看過就算了，比較有禮貌的人或許簡短地回幾個字。如果你繼續喋喋不休，甚至可能落得引人反感的下場。

艾倫的**「轟炸式傳訊」，就是令剛認識的對象卻步及反感的原因。**

因此，建議你就算想與對方訊息傳情，也盡量選擇在晚上忙碌過後，最好是對方放鬆心情時，才有心思慢慢跟你聊天。或者等對方洗完澡，躺到床上，在入睡前和你談心，試著去營造這樣一種讓她覺得氣氛輕鬆又浪漫的環境。

避免在對方有約會或忙碌時傳訊

告訴你一個心理小手段：假如要讓她期待你的訊息，時刻都想與你聊天，**你得為自己創造一份「被渴求」的感覺。**

明知對方另外有約或忙碌加班，就別打擾，她忙著別的事，自然無法分心與你暢談。強摘的瓜不甜，你若像蒼蠅般糾纏不休，不但將使她對你失去期待，甚至會覺得你很煩。

記下對方的空閒時刻傳訊

只要未像艾倫被鎖入黑名單，彼此訊息來往兩、三天之後，細心觀察便能大概得知對方的日常行程，清楚她哪時較有空檔可以與你通訊息。

接著，每天在同一時間寫則短短訊息給她，漸漸養成她每天想讀你訊息的習慣，有助於讓她對你產生期待。

訊息內容宜精簡

發訊息時不用想太多，簡單說聲「Hi」，或者問她在做什麼也可以。先從基礎打開話題，並放鬆地給對方空間回覆。太長的訊息，對方沒心思細看，你要等她回覆也不知等到何年何月。

要保持對話暢通，精簡的訊息才可讓對方輕鬆回應，無壓力的話題才能繼續延續下去。

表示你對她的事情感興趣

有機會可以試著多問她日常生活的情況，用心去了解她，讓她慢慢地意識到你對她有興趣，並且想更認識她。

告知你的興趣、喜好等

了解對方的同時，也要讓她知道你的興趣、喜好等，比如告訴她，你喜歡某一首歌、喜歡去某一家餐廳……如果她也有心，當她下回到了那個地方、看到某樣你也喜歡的東西時，便會想起你。如此更使你在她的生活中，加強了存在感。

快要道別的時候，稱讚對方一下

人雖然喜歡受稱讚，但不是每分每秒奉承便好，否則就變成沒內涵的馬屁精了。切記：**讚美也是一種藝術，不要言之無物。**

試著偶爾在聊天快結束前，讚美一下她的外表、個性等，她在感到開心和喜悅之餘，會想與懂得欣賞她的你繼續談下去。而你選擇在這個時候說再見，將使她對你們的互動留下幻想，期待下一次再與你聊天，不知不覺間，對你愈來愈有好感。

許多人只顧著主動傳訊息，以為這可以顯示自己多積極，但**時間不對、內容言之無物又不懂得投其所好，即使寫得再多，對方不僅不會有特別感覺，反而可能感到厭煩。**

這些小技巧不僅可以用在感情交往上，靈活運用，也有助於與他人以訊息交流更順暢。

心理師的透視鏡

想像一下：你對著手機自說自話，根本沒給人家機會開口，對方只能點頭說著「嗯」、「嗯」，聽得愈來愈有壓迫感，並且疲乏，只想趕快逃開。轉換成文字傳訊的場景，這就是「轟炸式傳訊」——文字聊天的大忌啊。

「他」的哪些行為，透露對你有好感？

女生常說男性愛玩曖昧，但男生卻覺得女性才最是曖昧高手，雙方爭持不下。其實，曖昧哪有分性別？只是男女以不同的行為來表示罷了。

曖昧時期，雙方的關係超越了普通朋友，但又未確立成戀人，在這當中，越過了朋友的互動可有不少呢！例如牽手、擁抱，甚至親吻等，這些親暱的行為會增加腦內的催產素、多巴胺分泌，讓人產生飄飄然、心如鹿撞的感覺，所以無論男女，享受曖昧也算是人之常情。

而對於男人來說，狩獵是他們的天性，過程需要部署，要有計畫和準備才能把獵物獵到手，他們嚮往與目標對象猜心、引誘和拉近距離的這個過程。如果能選擇，男人可以一輩子停留在追求的狀態，並不急於表態，這也是女性認為男性才喜歡玩曖昧的原因。

那麼，男性在感情中的曖昧，多數會表現什麼行為呢？

在女性面前，放大自己的存在感

在一次業界聚餐中，阿非遇見了心儀的對象艾咪。當時他正與幾名同行聊天，艾咪到場之後，正好坐在鄰桌，阿非突然提高了講話的聲量，手舞足蹈地對同伴們聊起怎樣才能提升業績。要知道，阿非可是公司年度營業額前三名的員工，這麼做，無非想讓艾咪注意到自己的優點。

這種行為看似有些幼稚，但常常可以發現男性會不由自主地這樣做。當有自己心儀對象在場時，他與別人聊天的音量會特別大聲，用詞和語氣也比平日誇張，目的是想讓對方留意、讓對方聽見。**他不一定會直接與有好感的對象聊天，反而是想藉著自己與其他人的互動來展示個人魅力，吸引對方。**

有意無意的身體接觸

阿克約了喜歡的女生莎莉和幾個朋友，一起去主題樂園玩。大家玩得興高采烈，跑跑跳跳、你追我逃的時候，難免有些身體接觸，有時，阿克還拉著莎莉的手奔跑，要趕去下一個遊戲項目排隊。一整天下來，莎莉都沒有抗拒阿克這樣的舉動，雙方的感情似乎更進一步。

男生與心儀的對象聊天說笑時，有時會出現自然地輕摟女生的腰，或輕摸她的頭、捏臉蛋等等，一些情侶間常見的小動作，是**藉由這些舉動一點一點地試探對方，如果女生沒有抗拒，或者明顯也喜歡，就會大大增加他之後表白的勇氣和信心。**

讓對方習慣自己在身邊

海倫的身邊有兩、三名追求者，因為大家都是相識了一段時間的朋友，所以她對他們都有些好感。可是在這些追求者之中，明俊每天都是第一個傳訊息向她道早安的人，漸漸地，這則早安訊息變成她依賴的一種「鬧鐘」。**久而久之，她便習慣了，即使設定了手機鬧鐘，還是非常在意明俊每天的一句「早安」，要是哪天沒有收到，就會產生患得患失的感覺**，這也讓海倫開始懷疑自己是否喜歡上明俊了。

在重要的日子，約對方見面

曾有個案問我：彼此還不是戀人，在對方生日及情人節等節日邀約，表現是否太明顯，或者會讓對方覺得突兀？

其實剛好相反，如果你偏不在這些節日時邀約，你們之間永遠都不會有機會開始。女性是比較敏感及重視節日的，特別是對於有好感的男性，若他特別在重要的日子，例如自己的生日、對方的生日或情人節等相約，**她自然會覺得原來自己在對方心中，占有一個特別的位置**。

在重要的日子進行邀約，正是讓彼此關係更進一步的台階。

「她」的哪些行為，透露對你有好感？

許多男性不解：為何自己不主動、不表白，女生就不表態？為何女生好像比男生更享受曖昧的關係？

這是因為女生知道，只要對方一天無法確定她的心意，他就會繼續努力地追求，在這個階段，追求的一方會極力表現出最大的誠意。

不過，儘管女生竭力不表露心意，但如果她對於對方是有好感的，還是會透過以下這些曖昧行為，不經意地透露出感覺。

找對方訴心事

致中和亞麗在公司共事了差不多一年，除了公事往來，平時也會相約吃午飯、話家常。大約一個月前，亞麗開始對致中談及私事，例如工作上的煩惱，她與朋友、家人之間的問題等等，並詢問他的意見。致中覺得自己在亞麗心中的地位大大提升了，也開始比過去更加關心亞麗。

男性和朋友常是玩伴的形式，女性則偏好聊天、談心。**對於心儀的對象，很多時候女性會把自己的祕密和心事向對方傾訴，或詢問其意見。**這樣一來，一方面讓對方覺得很受重視，感到自己是被需要的；另一方面則大大增加相處的機會，也能藉此多了解對方的想法。當女性主動告知心事，對方便容易訴說自己比較私人的事。談過心事，增添了親密感，彼此的感情也較易更進一步。

肢體接觸

這點與男性一樣。女生在和心儀的對象聊天時，有時並排坐，腿會有意無意地觸碰到對方的腿，或者像前面例子中的阿克和莎莉，在遊玩時，玩得投入而愈靠愈近。

如果一個女生對你有好感，在你們聊天、玩鬧時，她會看似不經意地拍打你一下、拉拉你的手等，這些動作看起來很自然，卻可能隱含著「喜歡」的肢體語言。

提高聲音說話

一群老朋友每個月定期相聚，有時友人帶著其他朋友參加，我們也很歡迎。在這群老友中，有個叫歐娜的女生，她平時說話的語氣都比較平淡，不慍不火的，然而最近幾次聚會時，我留意到她說話變得嬌嗲而高音，且多了點抑揚頓挫。後來我發現，有位朋友帶了一個男性友人來，歐娜就是跟他說話時，聲音變調了。

女生會**不自覺地在心儀對象面前表現得更加女性化**，比如說話時會提高聲線，語氣變得溫柔，有時還會撒點嬌，展現了平常所沒有的可愛形象。只是，很多時候當事人因為害羞而不自覺，未必會察覺到有這些不同。

特地請對方幫忙

意雯明明每天早上只喝一杯咖啡，不吃早餐的，可是與她同組的同事們都發現這個星期以來，每天早上，她都帶一份三明治來上班。

為什麼會有這樣的改變呢？

原來，意雯先前因為業務合作，認識了另一個部門的男同事，兩人慢慢熟絡起來，她亦找機會接近對方，**請對方幫她買早餐，就是其中的一個小舉動。**

幫女生做些舉手之勞的事，很多男性都樂意，在過程中，藉由滿足男性喜歡照顧女性的心理、覺得自己被需要、似乎在對方心裡占了一個位置，也更有機會接近心儀的他。

心理師的透視鏡

掌握了對方表達喜歡之情的隱諱訊號，

若你也有好感，不妨享受這段時期無壓力的親密感；

然而，若你沒感覺，請拿出良心，走遠一點，別害他人真心變傷心。

她的愛意小動作，你注意到了嗎？

都說「女人心，海底針」，想要看透萬千少女心事，真可說比登天更難。幸好，一個人的思想狀態會在她的行為舉止中表現得淋漓盡致，就算再怎麼掩飾，心理反射所表現出來的小動作，是絕對騙不了人的。

面對眼前的她，大可試試靜心地觀察她的小動作，或多或少會透露出她對你的感覺。冷靜觀察方為上策，切忌自亂陣腳，胡亂出招。

首先，我們要先搞清楚一件事實：許多女生是不會直接開口說愛的，她們的矜持往往壓制了情感表達，有時甚至變得過分含蓄。

也因為有這個無形的框框存在，女性的行為經常讓男性摸不著頭緒。以下列舉幾項在女性身上常見比較明顯的肢體語言，透過這些不經意的小動作，顯露了她對你的好感。我們簡單稱此為「愛意小動作」吧。

秀髮的祕密

當你與心儀的女生談天時，記得留意一下：**她有沒有用手去撫摸、玩弄自己的頭髮？或者是手指纏髮絲繞著圈？**

如果有，這是一個十分明顯的示好信號，因為她這樣做是想吸引你注意。

說真的，在女生的姊妹淘聚會時，你會看到她們這樣矯揉造作嗎？這個舉動，最常出現在初次約會或團體配對的快速約會場合。

一位男性個案說，女孩每回與他約會，好像都下意識地把弄自己的頭髮，有時只是在談天的時候撥弄，有時甚至是整頓晚餐期間，她都不時玩弄著自己的髮絲。

對於女孩這樣的小動作，他實在不明所以，問我：「是不是我表現得不好？我有什麼行為使她不安？還是我們聊的話題太悶了，所以她寧願把玩頭髮？」

當時我給他的答案令他十分驚訝。我說：「從心理學及人類學的角度來說，女性的一頭秀髮其實有著第二性徵的意思。如果一個女生在你面前把弄秀髮，意謂著她希望在你面前刻意地去展現自己的性感。」

我觀察到一個現象：當一個女性面對陌生男性時，若她下意識地把弄自己的頭髮，之後雙方進一步交往的機會也相對比較高。提醒男讀者，下回當有女生在你面前把玩她的頭髮時，你可以視為這是對方想吸引你的一個可能信號。

酒杯出賣了心情

如果和小孩子相處過，你會發現當小朋友面對喜歡的事物時，都會目不轉睛地一直盯著看，這是最直率的心意表達，也因為小孩子單純，他們會把目光毫無掩飾地投射到想要的目標上。

同樣地，若你發現女生望著你手上的飲料，這亦是一個十分有趣的信號：有很大的機率是她想要你也請她喝一杯。不妨把這點視為一個好時機，主動上前，大方地請她喝一杯，進而把握機會認識對方。

由於喜歡研究心理學，我也習慣觀察一些小動作和行為，來推敲人們當下的心理狀況。有年跨年夜，我們幾個朋友到酒吧慶祝，一位獨自坐在吧檯的女孩引起好友定峰的注意，女孩高貴、優雅的氣質深深吸引他。在朋友們的鼓勵下，一向不擅長與女生相處的定峰，鼓起人生中最大的勇氣，向對方走去，說要請她喝一杯當作慶祝新年。我則在一旁觀察著他們的互動。

根據以往經驗，多數男性在請對方喝了一杯後，就沒有再做進一步的行動，原因往往是：不知道對方的興趣如何、對自己有沒有好感等。其實，可以從留意雙方酒杯的距離開始。

面對剛剛認識的陌生異性，人類天生的防禦意識機制會啟動，女方便自然地保持著一段自我保護的距離。

然而，若你發現她並不介意彼此將酒杯放得靠近，甚至把身體或座椅貼近了一點，表示她對你的防範應該較少。

就像定峰，當晚他和那個女孩聊了一段時間，不單是酒杯，就連兩人的身體都貼得十分近，這絕對是一個正向的信號。然而，定峰沒看懂這些身體語言，加上他的個性比較害羞，不善交際，沒把握住機會，最後只是把女孩送上計程車，連聯絡方式也沒有交換。

衣服卸去了面具

有時，女性會在異性面前表現得十分冷漠。不過就算面對的是冷若冰霜的女性，只要細心觀察，其實不難發現她的一些小動作出賣了隱藏的真正心思。

你可能也有過這樣的經驗：面對緊張和壓力時，會感到身體發熱、心跳加速，這是因為腎上腺素上升。

當一個人面對著對自己有吸引力的異性，也會有同樣的情況出現。所以，若你注意到眼前正和你對話的女生變得臉紅，或者不期然地脫去了外套，如果不是通風不好、空氣太悶，那就是**她因你的存在而緊張的一種信號**。

這時，你可以再進一步留意，對方是否不自覺地觸摸自己的身體。

記得有一次在大學的交流晚會，我注意到有名女研究生不停地揉搓手指，而且沒幾秒就整理一下衣服，我好奇地觀察她，發現原來當晚是她第一次與心儀的學長如此近距離接觸，難怪她坐立不安，不自覺地做出一些小動作。

眼神是假不了的

人類是視覺性動物，眼神十分容易出賣一個人內心所想。三十多年前在測謊設備未如現今那麼流行時，就已經有間諜機構以人的「視線」當作測謊工具。

這樣的經驗，你有嗎？在一個滿滿是人的聚會空間，你感覺到有目光投射在你身上，先是輕輕一眼，加上一個會心的微笑，再來一道望眼欲穿的凝視——這就是個十分重要的信號告訴你：她是對你有興趣的。

這時候，不妨進一步留意**對方的眼**、**眉**，**如果是上揚**，**就加強了對你有好感的信號**，因為眼眉肌肉是臉部表情肌其中一條肌肉，就算想要壓抑表情，也無法只控制其中一條肌肉，而且在臉部的肌肉中，眼眉部位是比較難控制的，所以即使是說謊能手也難以操控。

更進一步地，若發現對方身子微微往你的方向傾斜，這個帶點性感的動作亦顯示她很想吸引住你的目光。

心與身的接觸

先前提到，人類（特別是女性）的自我防禦機制控制得十分嚴謹，面對陌生人，往往會張開一層無形的防護罩以保護自己，不知不覺之間，亦會與對方保持一定的距離。

簡單來說，女性不會隨便去觸碰別人的身體。如果一個女生有意無意地對你身體有接觸，**比如說，你講了一個其實不太好笑的冷笑話，她卻熱情地拍拍你的手，這樣你可以感受到她並不討厭和你接觸。**

當然，你也要留意她是不是對在場的每一個人都這樣做，因為的確有些女性不太介意和他人有身體上的觸碰。不過呢，如果發現心儀的她只對你有這樣的行為，就可以好好地想想下一步如何拉近距離了。

女生的小動作何其多，要從中一辨真偽，除了經驗之外，需要過人的洞察力。雖說女人心海底針，但不正是因為有了這些不同的小動作，才更顯出女性格外可愛又吸引人嗎？

不起眼的我，也有機會發光嗎？

怎麼會這樣？突然他發亮了！

「到底為什麼會這樣？本來對他一點興趣都沒有的。」

諮商室裡，容容聊到最近的感情狀況。她說某晚與姊妹淘在餐廳吃飯，對面桌坐了兩、三個男生，無論打扮還是身形，對她來說都是不太起眼的類型。

其中一個姊妹說：「你們看到對面桌左一的那個男生嗎？他是我公司的客戶，別看他外表呆頭呆腦，好像很宅，他在業界很受重視，不到兩年的時間，就從助理升到現在的經理。這樣像坐直升機的晉升還成了一時佳話呢。」

不知怎的，容容一聽，頓時感到左一男突然變得比同桌其他男性來得耀眼，像有光環包圍著似的。

此時，他也注意到容容的朋友而走過來打招呼，大家便聊了起來。很自然地，一群單身男女交換了電話號碼，讓關係有機會發展下去。

「如果我沒有聽朋友讚美他，他就這樣走過來打招呼，可能我也只是跟他點頭微笑罷了，因為他外表看來真的很沒趣。心理師，為什麼我會突然有這樣的變化？」

「預選機制」提高了相對價值

事實上，這是一種「預選機制」的概念。

簡單來說，在這種情境下，預選是**透過他人的認同而提高了一個人的相對價值——當大家都覺得你好的時候，你的相對價值會因此悄悄提升。**就如同網購一樣，你未能親身接觸實物，無法確定店家是否可靠，於是只能透過其他買家的評語來判斷物件的品質。

與同桌的朋友們相比，他的外表沒有特別俊朗，說話也沒有特別幽默，要不是他一向性格外向、廣結人緣、喜歡與朋友互動，並以工作能力建立口碑，成為大家口中不錯的男人，否則素不相識，容容也未必會把他放在眼裡。

但是當她參考了自己同類的評價，也認為這個男的不簡單、有意思，進而產生好奇心，想多了解對方。

先別提能否談感情，光是兩個陌生人從相遇到更進一步相識，其間便關卡重重，除了「預選機制」，「第一印象」也有著重要影響力。

七秒鐘，決定第一印象

如果給你七秒鐘的時間，你可以做到什麼？

或許你會想短短七秒有什麼好做的，呼吸一下就沒了吧。但我要告訴你，七秒鐘，可以決定別人對你的第一印象。

我們對人的第一印象往往最鮮明、持續最久，並且是決定日後是否繼續往來、如何往來的重要因素。這七秒鐘不用開口說話，你只能靠外表與行為來營造自我良好的第一印象。

這不就是以貌取人嗎？是的。在未認識一個人之前，我們誰不是只能靠對方的外表來判斷他的個性？但這個「貌」並非指容貌美醜。**良好的第一印象不是只憑美貌來表現，即**

使並非俊男美女，只需在服裝、舉止下工夫，也能讓人留下美好的第一印象。

首先，無論男女，儀表都要是整齊、乾淨的，不要蓬頭垢面。髮型不用設計得太花稍，只要是讓你看起來最有精神、最整潔的便可。男性最好刮淨鬍子，女性化點淡妝，稍微修飾便可。

另外就是常常被大家忽略的一環：你的坐姿、站姿與走路的姿勢。這確實是影響氣場的一大重點。

走路時要挺胸、收腹，坐的時候也要挺直身子、稍稍向前傾。別小看這個小習慣，不但能使你看起來高挺、較有氣質，還能讓你舉手投足顯得穩重、優雅。其實這只是基本動作，然而，現在到處都是低頭族，許多人都忘了這個基本的良好習慣，所以單是這個動作，已可給對方留下良好印象。

打破框框，走出去交朋友

如果你覺得自己在第一印象的表現上比較吃虧，就要從預選機制入手，尋找打破框框，走出去交朋友的路徑。

首先，不是以找戀愛對象為大前提來交朋友，反而是**以「多認識人」為目的，克服與異性交流的陌生和憂懼，學習正確面對異性，學習怎樣與對方溝通、交流，你的條件再好，也得被別人發現及看到。**

如果有心儀的對象，不妨先認識他身旁的人，由其他人著手，先打好底子，到時有了身邊朋友對你的認可，要給對方留下好印象也相對容易一些。

另一方面，不妨當作練膽量的心理練習，能減輕你的緊張程度，讓聊天變得輕鬆些。最重要的一點是「知己知彼，百戰百勝」，從旁人口中了解對象的喜好，你比較有充裕時間好好準備，也不至於多走冤枉路，甚至表錯情，落得出師未捷身先死。

另外，嘗試參加婚戀公司的活動也是學習面對異性的訓練方法之一，至少有機會去接觸異性，改善害羞的狀況，慢慢讓自己在異性面前可以表現得自然一點。

空閒時，也可參加感興趣的課程或一些網路群組的實體活動。從自己有興趣的事物開始交流，既不怕想不到話題，也可以訓練與陌生人打開話匣子。

當然，這些只是第一步，自身的內涵與修為是裝不久的。**要吸引對的人來到你身邊，提升自己才是王道。**

隨緣，是被動的浪漫？

相信緣分，是一種可愛

在身邊的單身女性朋友身上，我觀察到一個十分可愛的共通點：儘管年紀不同，收入和學歷也各不相同，但是她們都不約而同地相信「緣分」。朋友聚餐時，席間如果有人問及目前的感情狀況，或是有沒有機會認識異性的時候，女性也常習慣性地回應一句：「看看緣分吧。」

說這個特點可愛，絕對沒有貶義，而是我真心欣賞著一個人不管經歷了多少生活風雨，仍舊相信「情由緣定」的這種單純。

不過，有人只相信緣分，被動地等著緣分自然上門，把「緣分未到」當成感情之路不順的理由，這樣的想法值得商榷。

執著於緣分，是出於無奈

朋友秀庭年近四十。快三十歲時恢復單身後，多年來，幾乎每個月她都參加婚戀公司的聯誼，大大小小的這類活動去了不下數十次，但直到現在仍是孤家寡人，親朋好友常念她：是你的要求太高了吧？你不要再東挑西揀了……

其實問題正好相反，她從來沒有想要去挑人，反而是等別人來找她。

在事業上，秀庭的能力傑出，一有念頭便主動出擊。無論經濟或生活，她都有充分能力照顧自己，而不需要倚靠別人。

可是談感情，她卻成了宿命論者。三十歲時的分手是「無緣」。而近十年來，她還是被動地坐等愛情緣分到來，就算有看對眼的，**如果對方未主動表態，她就也消極以對，因為「無緣」。結果，她乾等了緣分十年之久。**

而且可以想見，這樣下去的結果很可能是落單收場。

女人不管幾歲，懷有少女心、對愛情有憧憬、相信緣分，是可愛的。然而，執著於緣分則是一份無奈。曾經被愛情傷害過，曾經力挽狂瀾去挽救已死的愛情之花，曾經勇敢地追求自以為的心中最愛，但最後無法走在一起，只能託詞是因為緣分不夠深。

秀庭始終未走出十年前的感情，使她對踏出的每一步都如履薄冰。她讓自己硬起心腸，因為太執著、太眷戀、太期待的貪嗔痴，只會令自己容易意亂情迷，陷入心煩意亂。她只能自我說服：不如一切隨緣，隨心而走。

人要靈魂，愛情更要靈魂

相形之下，男人就顯得比女人實際。這麼說恐怕會得罪不少男性，但不能否認一般而言，男性在心理上視愛情為一宗買賣：先審視許多外在條件，有了清晰的結論之後，再決定是否與對方交往。但往往也因為過度盤算，導致最終忽略了心靈上的交流。

然而，人要靈魂，愛情更要靈魂。

曾經有男讀者來信訴苦：**我自問條件不算差，有事業、有學識、有房子。但是為什麼我很努力地尋找，就是找不到一個情投意合的對象？尋尋覓覓的，最後找得我心好累……**

其實，就像讀書識字，學無前後，達者為先。尋尋覓覓，最終目的只是要尋得一個合得來的人，偏偏許多男性算計太多，走馬看花。但是在情感的世界，永遠都是公平的，就算家財萬貫、名成利就，不用心去交往，也只會淪為愛情失敗者，落得一無所有的下場。

不期而遇的愛情是浪漫且令人欣羨的，有人會說是前世修來的福氣。而這一世，我們因種種因緣際會而遇上各式各樣的人，有些擦身而過，有些伴隨一生。如果覺得遇到對的人，何不好好把握機會，與他進一步創造出對的關係，建立緣分，讓這段緣分慢慢累積至下世也會相遇。

心理師的透視鏡

「隨緣」確實是一種看開的灑脫，
但也往往成了過度自我防護的託詞。
其實緣分只是相遇的契機，唯有給彼此相知的機會，緣分才會變成美麗的「姻緣」。

PART 2

分不開

你追問「為什麼」，想尋求一個答案，
但是答案其實不重要了，
面對不再愛了的事實，你才能活在當下。

他是不是恐怖情人？

怎樣的人，忍心對心愛的人痛下殺手？

在漫長的人生旅途當中，總會碰上、甚至愛上不同類型和不同性格的人，而其中有一種人是遇上時要特別小心的，就是「恐怖情人」。

二〇一八年三月，發生了一件令人不寒而慄的新聞：二十歲的香港大學生在台北殺害了二十一歲的女友，棄屍在室外草地上。

兩人相約到台北過情人節，還留下了親密合影，怎樣也想不到，原本是情人的甜蜜旅行，最後卻成為青春人生的最後一程。也很難想像一個男生會這般冷血對自己心愛的女生痛下殺手，除非他是典型的「恐怖情人」。

交往出現這些徵兆，就該放生

「恐怖情人」在交往初期很難看得出來，要相處久了，才能看出端倪。以下先說說怎麼辨別「恐怖情人」的特質。

．他有強烈控制欲

首先，「恐怖情人」最明顯亦最易辨識的特質就是控制欲強。除了他自己會以你為生活中心點外，也同樣要求你把他排在心中第一順位。

基於女性或多或少會喜歡有點大男人主義的對象，**在戀愛初期，你視這些控制行為是愛你的表現，也會愉快地遵從對方。但是，當相處時間久了，他對你的控制範圍會愈擴愈大，甚至變得有點蠻橫無理**，可是由於此時你已情根深種，往往也會選擇繼續隱忍下去。

・暴力阻止不成，以眼淚和甜言蜜語獻祭

到了當你忍無可忍想提出分手時，他會用盡千方百計阻止你離開，當中最常見的，是以「恐嚇要脅」或「暴力」的方式來對待你。

有的人甚至**以打罵來阻擋分手，但事後又可能像川劇變臉般，聲淚俱下地向你賠十萬個不是，再以甜言蜜語及裝作誠懇的態度令你心軟，希望挽回這段感情。**

・表現出「大不了同歸於盡」的決絕

如果到最後連以死相逼都沒用時，便會出現與你同歸於盡的念頭，動起殺機來，這就是「愛你愛到殺死你」。

與恐怖情人分手，不要刺激對方

這類人多被歸於邊緣型人格，心理上常陷入極大的矛盾，常常今天覺得你很好、很愛

你，隔天又變得好憎恨你。

他們既自大，同時亦自卑，對自己及愛情缺乏信心，所以經常懷疑另一半有外遇。基於他們的不信任心態，令他們更加想掌控一切，當想要的東西未能獲得滿足，就會立即失控、抓狂。

他們從來沒有意識到是自己的行為迫使另一半做出分手的決定，永遠都把關係弄僵的責任推到對方身上。

「恐怖情人」並不能馬上辨識，但日久見人心。當你發現另一半有著以上的特徵時，先別急著與對方分手，因為**急著分手只會打草驚蛇，弄巧成拙。你可以試著予取予求地暫時與對方好好相處，從而一步一步地使彼此的感情冷卻下去。**

用這種溫水煮青蛙的分手方式，可以避免刺激對方，至少，不會落得面對危險的下場。

你覺得談戀愛是為了什麼？

讀到這裡，可能有讀者懷疑起自己身邊那位就是恐怖情人，卻又捨不得分手。

在此，我希望你思考一下這個問題：「你覺得談戀愛是為了什麼？」

我想沒有人會反對，為的是尋求幸福感和快樂。

但**當有一天，你發現在一段情感關係中，自己得不斷妥協，並覺得違背自己的意願；又或是你的角色漸漸地變得不平等，甚至渺小，在生活中的一切步步退讓，卻從不覺得快樂，那請你盡早離場。因為這樣不平等的愛情有如癌細胞，將一步又一步地腐蝕掉你生命中的一切，令你從此不再活得有光彩。**

若不幸碰上這樣的「恐怖情人」，強烈要求你放手，以這些心思和精神，再去追尋另一個能讓你愛得輕鬆自在的人吧！

心理師的透視鏡

你要切記恐怖情人的徵兆：

一、控制欲超強；二、對你威脅或暴力以待之後，又哭訴著愛你，請求你原諒；

三、表現出大不了同歸於盡的極端傾向。

他的完美是……你只屬於他？

追求幸福要睜大眼睛

在一段感情當中，每個人想獲得的都不同，有人只是單純希望得到一份愛情，有人則希望在享受愛情之餘，和另一半擁有共同的目標和生活習慣。你在找尋的可能是一份實在的關係，又或者是虛無縹緲的一種感覺，但無論如何，尋尋覓覓的都是幸福。

然而，追求幸福要睜大眼睛，以免一不小心成了愛情裡的受害者。

事實不像表面般完美

亞黛是我的個案，三十九歲的她事業有成，是一家上市公司的市場部主管。她來找我是因為感情問題。

兩年前，亞黛遇上了在她眼中那個「完美」的男人傑明。

相戀後，傑明每天都會打數次電話給亞黛表達思念，送花、送小禮物，每次見面都會準備浪漫的驚喜。

對於已經有數年因為忙於工作而感情繳白卷的亞黛來說，傑明簡直是個完美情人！不只細心、體貼，事業有成就，而且外表也吸引人，是個充滿魅力的男人。而且他永遠都把亞黛放在第一位。

很快地，她就被傑明迷倒了，並且深深相信傑明就是她的Mr. Right，她的靈魂伴侶。

然而，事實卻不像表面般完美。

有一天，亞黛接到好姊妹來電，約她一同去歐洲旅遊。一向習慣了獨立的亞黛當下就立即答應對方，並上網訂購了飯店和機票。然而，就在開心期待著久違的休假，計畫著這趟難得的旅程時，她得到的並不是傑明的贊同及祝福，而是無名火起的憤怒。

原來亞黛在未事前知會他的情況之下，沒有經過他同意便獨自出國將近一個月，這對傑明來說是種完全不能接受的行為。他覺得女友沒有給他尊重。

另一半莫名其妙的怒火，令亞黛十分不習慣。她覺得傑明突然由一個原本細心、專一且體貼、有禮的男友，眨眼間變成不講道理的控制狂。心煩意亂的亞黛只好靜心安慰自己，因為傑明太愛她了，才會有這樣緊張、黏人的表現。

但事實上，隨著時間一點點流逝，這種相處方式漸漸發展成為一種習慣，**只有傑明一方在發脾氣，而亞黛的角色永遠是包容的那方。她感覺到，兩人之間的憤怒和矛盾日益加深。**

而在傑明眼中，「Mr. Right」眼中的「Miss. Right」亦變得愈來愈不合乎要求。他認為年近四十的亞黛根本已無任何條件去向他討價還價，更無可能再找到一個像自己一樣條件好的男人，所以他輕易就把亞黛吃定了。

為了保住感情，亞黛忍氣吞聲。面對男友的進逼和無理取鬧，**她選擇讓步，甚至矮化自己去討好對方。**

交往短短兩年，這種狀況一再發生。

來到我面前的亞黛，顯得心力交瘁。

「愛意轟炸」是一種慢性洗腦

可能連傑明自己都不知道，他所用的技巧在心理學上有個特定的名詞：「愛意轟炸」（Love Bombing）。

早在二〇一〇年，英國的心理學家奧利佛・詹姆斯（Oliver James）發表了一篇有關運用「愛意轟炸」因應問題兒童狀況的論文。在概念上，這是指以一種有系統的方法去影響、操控他人情緒，無論是態度、對事情的看法，又或者由讓步到屈服。同樣的手法不只對兒童有效，在成人身上也行得通。

說穿了，這就是一種**慢性的洗腦技巧**。當另一半無時無刻不在提及你們的將來，對你訴說著甜言蜜語，你難免會被影響，潛移默化地去選擇相信。

「愛意轟炸」的方法之所以有效果，最主要是因為人類天生就喜歡建立一種自我感，而且身為社會性群體生活的人類，更重視獲得其他個體的認同。比如在孩童期同儕之間的認同，到了成人時期，在工作表現上要獲得上司和同事的認同。到最後，希望得到喜歡的人認同自己。

但在同時，亦因為這一份天性，而使人跌入「愛意轟炸」的陷阱。如果得不到他人認可，我們會發出不安及焦慮信號，甚至有被排擠的感覺。有時**為獲得另一半更多的愛和同**

意，會選擇改變自己去遷就，不知不覺迷失了自己。到最後，當有一天無法再盲目地追從改變，你唯一的下場只會是「被分手」。

重新找到自己的人生重心

對於亞黛的協助方法，其實沒有很複雜。

由於問題主要是因她害怕失去，以及過度把對方作為人生中心點所引起的，所以心理師的角色就是從旁協助她，慢慢將重心轉移，讓她回到正軌，在生活各方面取回平衡。

這樣說看似很簡單，但單憑她一己之力，卻是很難辦到的事，因為她早已迷失其中。

因此，我與她制定了一套方案，例如每天的心理練習、一些生活習慣的改變等等，以時間慢慢地強化她的心靈，一步一步地引導她找尋人生當中，除了愛情之外的其他生活著眼點，比如工作、家庭、朋友等。

・把自己放回生命首位

由於亞黛在這段關係中，習慣了把自己的位置放到最低最低，所以首要是讓她重新學會關愛自己，把自己放回首位。只有做到愛自己，才能將愛給予身邊的人。

第一個心理練習就是：**每晚睡前，寫出三件自己當天做得好的事**——瑣碎如提早出門而吃了豐富的早餐，或大至老闆採用自己的企劃案等。養成每晚寫下的習慣，將有助於漸漸重拾自信，懂得從多方面欣賞自己。

另外，**每天也需要留一、兩個小時的自我空間，享受獨處的時光，做自己喜歡的事**，例如閱讀喜愛的書，或泡個熱水澡，滿足自己的心靈，平衡身心。

・找回在關係中的平衡

另一方面，由於亞黛面對感情的處理手法已經被嚴重地扭曲，以為委曲求全並無不妥，所以需要為她重新制定一系列正常的交往機制及概念，**好讓她日後面對另一半時，不會再出現因害怕失去而再次矮化自己以獲得認同，甚至扭曲自己的人格，做出過分遷就的行為。需要讓她明白在關係中，「平衡」的重要性。**

怎樣重新制定？其實**很簡單，但必須時刻檢視及自我提醒。**

首先，準備一本記事本，列出自己認為理想的交往和相處的方式，比如：希望雙方每週一天有晚餐約會；每天有十五分鐘左右的聊天時間；或者寫出給彼此怎樣的自由度等。

然後，在和對方的日常互動中，究竟有多少與自己理想的、覺得舒服的交往方式相違背？而自己是被迫妥協或欣然接受？慢慢地逐一檢視，**當下這段愛情到底是否讓你快樂。**

就像我告訴亞黛的這句話：不要被幸福騙過了自己，你可能只是扮演著被害者的角色。好好地為自己想清楚：你想要的快樂和幸福，是怎樣一回事。

心理師的透視鏡

身處於一段對的、良性的、美好的關係裡，
你是自在、愉悅、感到安定及踏實的。
讓你得不斷遷就、再也無法開心地笑、讓步到退無可退才能保全的感情，只會摧殘你。

愛情這面鏡子，你看到了什麼？

相愛的本質是什麼？

人害怕寂寞，可能是上帝造人時早就注入基因裡，刻入了群居生物的集性。

我們渴望愛，希望在夜深人靜時，有人給些慰藉；忙碌工作之餘，有人給一個倚靠。但是，你有沒有認真想過：**相愛的本質是什麼？愛情對於你來說，又是什麼？**

我在工作中見過很多不同的個案，其中有些人為了獲得一段美好的感情而不斷退讓，甚至委曲求全地活著。試問：這樣的愛，真的是你日思夜想要得到的嗎？

別忘了當初他為何愛上你

曾經有位個案，她是工作狂，多年來全心全意在工作上打拚，上一段戀情已是八年前的事。到了現在三十七歲，眼看青春消逝，焦急的她開始認真相親，並且幸運地認識了一位新男友，再嘗戀愛滋味。

可是，由於她太怕失去這難得的遲來愛情，因此變得事事奉承對方，就算是不合理的事也不吭一聲，默默地配合著、忍受著。

最後，男人卻沒有欣賞她的遷就，反而覺得在一起之後，她失去了原本吸引他的那份自主、自信的光彩和魅力。也由於她過分緊張，事事要求男友清楚交代，又常疑神疑鬼，令男友覺得兩人愈親近，他反而不再有相識之初，從她身上感到的自在。

世事有時就是這樣諷刺，**害怕失去，才是你真正失去的原因。因為當你握得愈緊，對方愈是覺得透不過氣，最後只好選擇離開你，再找回自己的自由。**

愛情的本質原來就是雙向的，靠著兩人一進一退、一前一後地不斷磨合著來維持，如果只有一方不停地進攻，另一方終有一日會被逼到懸崖邊，為了不摔得粉身碎骨，只能選擇遠離。

表面的好，並不代表一切都好

有天，我的一位女性朋友菁如突然被男友提分手。當下她萬分驚訝，男友只對她解釋說：「其實我早感到我們之間有問題，但每次想跟你談時，你都逃避，一直視而不見。」她覺得這根本沒把話說清楚。「因為我一直覺得我們兩人關係很好啊！為何這麼青天霹靂。」她告訴我。

菁如的男友邵中，我也認識，所以不甘心突然被分手的她，請我與對方聊聊。我約了邵中出來徹夜長談，聽他吐露許多長久壓抑的心情。我想，他們的問題的確一直都存在，只是有人選擇視而不見。

菁如對男友死心塌地，每天不管是午餐時間，還是下了班，她都會在邵中踏出公司大門前，早一步到達他公司樓下。在同事和朋友等局外人眼中，這絕對是一百分的女朋友，做飯，料理家務，把男朋友照顧得無微不至。

在感情發展的最初，邵中真的十分感謝菁如為他所做的一切，難得遇到了一個女生對自己關懷體貼，甚是珍惜，還信任地把家中的鑰匙交給她。

可惜，人心往往是不知足的。**當一切漸漸成為了一種習慣、一種模式，菁如的「好」，慢慢被邵中看成「必然」**。加上兩人在溝通中難免會有摩擦及不和的時候，爭吵多了，邵中又會懷念起當初單身的那份自由。

有時，他和朋友聚餐或玩樂，菁如會要求一同前往，要是不能陪同，就要求他每兩、三個小時向她報平安。這樣的行為讓邵中縱使可以和朋友外出卻不能盡興，有如少年時門禁般的枷鎖，心裡雖然很想反抗，但深愛菁如的他亦不知把不滿如何說起。

然而到最後，他終於受不了這樣的壓力，忍無可忍之下，只好狠心提議分開。

表面的好，並不代表一切都好，其實情感的裂痕早就漸漸出現，但因為放著不去管，擴散得愈來愈大，到了發現問題有多嚴重時，已經回天乏術。

有時，我們可能因為自身缺乏安全感，或是害怕失落的感覺，所以寧願扼殺自由，以情感去束縛自我，騙自己和眼前的這個人生活、相處，一切都過得很好。

這種自欺欺人的情況，當事人會以「愛情是盲目的」來合理化一切。

感性是能維持片刻的熱度，然而要維持愛情，還是要融合理智的分析。在戀愛中，還是要去覺察及定期檢視，發現有不妥、不好的地方，就需要拿出來商討，一起面對，甜苦都要吃，不要只看好的一面，那將導致不好的地方有如癌細胞，不斷地暗暗擴大。

好的愛情讓人活得更好，你的戀人做到了嗎？

當你沉醉於戀情的同時，不管這一刻愛得多驚天動地、死去活來，有時也得冷靜下來，反問一下自己：**這段愛情有完整了你嗎？或者，他有完整了你的愛情嗎？**

卑躬屈膝從來都不算是愛。愛是應該愛得自然，不需要討好對方而臣服。別被自己定出來的框架所限制，更不要因為想被愛而勉強自己。

同時，愛一個人亦應該愛得獨立。當你陶醉在依偎著他懷裡的感覺，同時享受著向他撒嬌的時候，有沒有想過，你已經變成了他的附屬品？**你眼中只有他的這一刻，他的存在是讓你看到整個世界，還是令你捨棄了你的世界？**

每天第一件事，對鏡中的自己說：「我愛你！」

不管任何人，在愛情當中都有著自己的角色。

如果他的出現令你成長，使你變得更美麗、更有吸引力，這當然是一件好事。

相反地，若你愛一個人愛到失去自我、被否定，希望你從這一刻開始嘗試將重點放回自己身上，多愛自己一點。

試著**每天早上起床後，第一時間對鏡中的自己說聲：「我愛你！」**這是一句簡單卻充滿強大力量的話。這句「我愛你」必定要發自內心，由衷地向自己表達愛意。

不要小看這個行為，有些人看著鏡中的自己，卻良久開不了口說一聲「我愛你」，這是因為我們都忘記了「先愛自己」的這個根本。

在心理學上來說，向自己說愛，是個十分有效的自我鼓勵方式。每天照著這個方法去做，多愛自己，欣賞自己，漸漸地，你會發現在一段感情中，除了對方愛你外，原來也需要包含你對自己的愛，這才能圓滿。

腐化的感情像變質的維他命，多吃無益

如果眼前的感情已腐化到無可救藥的地步，建議你灑脫地把這段感情「換新」。也許「放手」亦是一種解脫的方法，幫助你離開這一片混沌，不再繼續惡性循環下去。

日後在展開新戀情的同時，你就要**好好愛自己，提醒自己保持自我，保持你一直喜歡自己的那些個性。**試著把生活和愛情兩者混合在一起而變得圓滿、快樂，並不是因為想挽留某人而不停改變自己，這樣的感情只會有如變了質的維他命，多吃無益。

為什麼你總是愛上同一種類型的人？

你有留意到嗎？自己或身邊的朋友，每次戀愛都容易愛上同一類對象？

你有好奇過嗎？為何每個新男友都跟前男友「好像」？無論外表或性格……總之，一定有相似的地方。

能吸引你的人，身上總是帶著某一個特點、某一種模式。就算那個特點並不好，你還是會愛上……

你曉得嗎？其實一直以來，你的戀愛模式、對象的條件，都與你的「內在性格」有關。

看看以下這四類人，如果是你會喜歡的類型，或許可以幫助你從另一個角度去了解自己。

自戀者

【特質】迷人，聰明，外型好看，有魅力。這些特點，使你好像著魔般被他們吸引過去。不過，一旦和他們談戀愛，你就得與他們的要求、批判及自我中心不停地進行角力。自戀者往往有著懾人的吸引力，同時卻很危險。他們上一刻可能顯得很需要你，下一秒卻又與你為了「需要」這個問題而吵架。

米米是個可人兒，外型甜美，身邊不乏追求者，而回顧她過往的每一任男友，都是高大俊俏、充滿魅力的。他們的共同特質就是有點自戀、自大。其他人與他們相處後，可能受不了那自大，即使他們擁有美麗的臉蛋又如何。可是米米卻總是一次又一次被這種自戀和自大吸引著，儘管男友對她都是若即若離，但米米每回都遇上同類的男人。

戀上自戀者，其實代表了你也有自戀傾向。

身為一個自戀者，最常被人誤解為你很愛自己。事實剛好相反，你內心是非常討厭自己的。你的自吹自擂，你的完美主義思想，你的傲慢，只是用來遮掩你一直不肯承認、那份不愛自己的感覺。

要慢慢地改善自戀的程度，你需要拿出勇氣，花點時間與自己相處，嘗試去愛自己、欣賞自己。

表現出「我無法再愛」的人

【特質】不熱中與你見面，永遠有大量藉口搪塞。很快便承認喜歡你，卻有種種原因推説自己不是要長久的戀情，不會跟你確立關係，成為戀人。

在一次朋友聚會上，家進認識了美文。家進對她一見鍾情。有點冰山美人感覺的美文看來不易親近的樣子，但是多聊幾句，她很快變得熱情對話。當晚，他們聊得很高興，還交換了聯絡方式。

之後，家進主動傳訊息給她，兩人以訊息互動得還不錯，然而每當家進想邀約，美蘭都以忙碌為由拒絕。

家進表明心跡，想認真發展，美蘭卻表示不想在情路上再受傷，而不願確立戀情。

愛上這類人，往往是由於你內心深處以為自己不配被愛。可能是過往的一些經歷，比如有一個人在你最需要支持時，不在你身邊，又或者經歷過被虐、被忽視。

要改變這個模式，首先，必須面對對你做過以上行為的人，如果可能，問問他為何那樣對待你。要知道，你沒有做錯，你不應該承受那些，那不是你的錯。沒錯，要踏出這一步是很艱難的，但繼續逃避創傷，傷口就永遠不能痊癒。就算未能面對面跟對方溝通，也可以試著把當年對方對你做的事寫下來，並在其中也寫出當時的感受，這個過程亦有助於紓解你多年來的抑鬱。

坦然面對，有助於你去寬恕對方——你不一定要原諒，但是，可以試著寬恕，因為這其實是在寬恕你自己。如此一來，才有機會重新吸引對的人，真正安心地享受被愛的感覺。

怕做出承諾的人

【特質】他們常常換伴侶，不曾結過婚。他們有許多藉口解釋為何自己沒有遇到對的

人，常說自己需要很多時間才能定下來。

每次問他們關於將來的事，他們都只會說「總有一天」。

慧欣是一個渴望結婚的女人，但每每她交的男友都像沒有腳的小鳥，只能一直飛翔，停不下來。他們口裡雖說很愛她，卻在談到將來時迴避。

而每一次以分手收場，都是因為慧欣催婚，急於問對方有關兩人的未來。周而復始，慧欣覺得愛得很累。

愛上這類怕承諾的人，其實凸顯出你自身的依賴及不安全感。

情感上的不安全感，使你對愛情很渴求，非常需要伴侶，希望得到關注。你在前幾段的關係中，往往是突然被分手，你一直未能接受，而對之後的戀情缺乏安全感。

所以，如果你想遇到一個肯做出承諾的對象，自己要先成為有安全感的人，增加你對交往對象的信心，才可以吸引到同樣能帶給你安全感的人。

逃避型戀人

【特質】表現愛的方式是「我愛你，但更怕失去你」。

逃避型戀人往往對愛情抱有一種負面情緒，以灑脱包裝自己怕失去的想法。而一旦失去，又當起先知表示「我早知道了」，看待愛情更負面和不信任。就是這樣不斷地在人生中拾起一段關係，然後又狠心把它丟棄一旁。

小雪和彼得因為工作認識，兩人由朋友關係開始，慢慢培養了感情。小雪感受到彼得是喜歡她的，但他老是裝出一副無所謂的樣子，對她的態度非常冷靜，不表現出熱情。這令她很困擾，覺得很難猜出對方的心思，然而，自己卻又愈來愈喜歡他，覺得彼得就是一個需要她愛的人。

愛上了逃避型戀人，也代表著你在愛情中往往過度自我保護，害怕一旦投入太多，最終只會受傷。

你以為像鴕鳥般逃避就能免受情傷，其實這就如小朋友蒙上眼睛就以為看不到一樣的

戒斷曖昧

幼稚。不管你怎樣逃避，愛情、心痛與傷疤，仍舊落在你心裡。

你並不是不懂得愛人，只是不了解怎麼去相信，相信對方真心愛你，不會傷害你。

請你試著對另一半說出自己的不安，分享在感情當中出現的疑惑。坦露脆弱，反而有助於卸除過度防衛，好好解決問題。

記住一點：**感情的基礎在於溝通和信任。你不說，別人是不會知道的。如果真心愛對方，請好好尊重對方有知道真相的權利，用心去愛。**

心理師的透視鏡

愛上一個人，就像照鏡子，每個人其實是在跟自己戀愛，那是你潛藏的自我期待，或者匱乏的、渴求的……

愛與被愛的歷程，也是了解自己的旅程。

你是愛他？還是習慣有他？

覺悟，就是人生的新開始

茫茫人海，兩個原本各不相干的陌生人由認識，繼而相愛，如此微妙的化學過程，就如上帝用了七天造出天地萬物一樣神奇。

我從來都不相信單靠緣分就可以把兩個人拉在一起，能夠確信的是，愛情是需要用力去維繫的。當你發現一段愛情慢慢在變質，可能意謂著你們兩人的相處方式也暗暗地出現了改變。**是時間久了變成日常？還是從來都只存在習慣，而沒有愛情？**

我收到一封叫梅莉的讀者來信，她在信中分享了在一起三年，終於覺悟自己其實並不愛男友，而只是習慣有他。但是對於是否分手，她感到猶豫和不安。

或許你要說：熬了三年才有覺悟啊，投入的時間都浪費了。其實**無論三年、十年，都不算浪費，覺悟就是人生的新開始，無論梅莉最後是否離開，都是帶著對關係的全新理解繼續向前走。**

因了解而選擇離開

隼人，你好：

是這樣的，我與前男友交往了三年。我們是從朋友變成情侶的，三年來，彼此的爭吵愈來愈多，我知道自己脾氣不是很好，而他也不遑多讓。

他對我一直不錯，但只要吵架，馬上變成另一個人，會開始不耐煩，甚至說的每一句話都帶刺，一針一句刺得我好痛。他總說是我把他的耐性磨光了，歸咎於我讓他變這樣的。

一個月前的爭吵，他又講了讓我難以忍受的話，最後更拋下一句「不爽可以走」。我很清楚他是看輕我，因為之前吵架時，我曾哭著說不想分手，是我讓自己處於這麼卑微的境地……

過去這一個月，我們沒再聯絡，他沒找我，我也沒找他。我極力克制自己，也逼著自己不可以去找他。我跟自己說不可以哭，只有堅強了、看開了，才能有自己的新人生。

走到這裡，我發現我是因為了解才選擇離開。也才明白，其實以前我並不了解他。我錯了，我做了錯誤的決定，不該因為寂寞而讓他牽著手。

他真的對我很好，只是我無法承受他的言語傷害與脾氣。我錯了，錯在讓自己在他眼裡看起來如此卑微，弄得他覺得自己才是王。

我不愛他，我只是習慣生活當中有他……

現在，我想時間會讓我習慣沒有他的生活。

你覺得我做得到嗎？

梅莉

靠別人給的不是快樂，只是「施捨」

梅莉：

你好，謝謝你的分享。看到你所寫的情況，我相信很多現代情侶也會碰上類似困境。

首先我想表達一下，要靠別人給予的從來都不是真正的快樂，只是「施捨」。為什麼這樣說？

・在這段關係中，你的存在價值是什麼？

你說你和男朋友在一起是因為他對你好，因寂寞而同意牽起他的手。世上寂寞的人不單你一個，你卻選擇了用他的愛去消磨寂寞，以他對你的好來換取快樂。冒昧問一下：你懂得「快樂」嗎？知道「戀愛的真諦」是什麼嗎？

依賴別人對自己好而歡笑，這樣的人根本不懂得什麼是幸福。一直只是取得好處而不去付出的你，在這一段關係當中的存在價值又是什麼？只因為他對你很好而走在一起，以此維繫一段感情嗎？這又是愛的理由嗎？

想要請你好好思考一下：什麼是真正的愛？而愛帶給你的，又會是什麼樣的層次？

另外，男朋友在和你吵架時會口出惡言，甚至出言侮辱，這其實是令人不能接受的——不管是剛分手的前男友或未來的其他對象，基於對人的基本尊重，也不應該不受控地惡言相向。傷害人的話一旦說出口，不僅很難收回，亦會使對方內心受傷。或許在吵架當下，他情緒激動，你想制止他也未必可行；但是**在雙方冷靜後，你必須向他表達你的感**

受、你有多難受，並告知如果下次他再這樣侮辱你，你是不會原諒他的。

・愛是身心相契，不是滿足需求的手段

我不喜歡講什麼大道理，只是現今社會功利主義當道，人們每每**在未付出之前就先計較收穫。如果同一個方程式套用在愛情上面，你只會因為害怕失去對方而不停焦慮。**

當另一半讓你依賴，不管是心理還是物質上的，這個人在你的人生當中，漸漸會占據著一個很重要的角色──這一刻，主導權其實已經暗暗落到對方手上。你唯一可以做的，只是抱著既期待但又怕失去對方的矛盾心情活下去。更甚者，當你的需求愈是貪婪，只會讓自己變得更加卑微，當有一天到達臨界點，對方只會覺得你令人厭煩，而對你漸漸疏離。

一旦你陷入這份無可自拔的依賴當中，就有如跌入泥淖，萬劫不復。直到有一天，遇到了另一個可以飽足你對幸福貪圖欲望的人，便會又一次地跌入這個循環中。

假使只有物質上的滿足，你還是會覺得心靈上有缺失。而如果其實你不愛身邊的另一半，只索取而不付出，也終有一天會將身邊的愛消磨殆盡。

寫下來，幫自己釐清追求的真相

請試試與自己的內在對話，了解自己真正想要的是什麼。

取出紙和筆，列出：

- **你理想的愛情形貌是怎樣的？**
- **你理想的對象要有什麼條件？**

經過不斷添加或刪除，反覆思索，最後，你將明白自己真正追求的是什麼。

兩個人走在一起，有不同的生活模式和各種摩擦，每段感情總需要磨合期，千錘百鍊得出來的才會是真愛。

我也明白，人會寂寞，想有人陪伴，但別以為只要是兩個人在一起就一定精采。晴雨之間，總有轉折。

最後，請你捫心自問：**你真的快樂嗎？**

是不是我不夠好，所以他拋下我，娶別人？

我以為我能改變他……

隼人：

你好，我今年二十七歲。

這件事困擾我很久，跟他分手大概有四年了吧，但我一直放不下，時常還會想起來，然後一直哭。

他是我的初戀，那時候我二十二歲。他的身分證上登記二十四歲，但他說那是假的，他二十七了，並說他離過婚，父母早逝。剛認識時，他說為免我吃飛醋先告訴我，他人緣好，有很多「乾姊姊」。

我不是很聰明的女生，甚至可以說是無知，對於他說的話，雖然一開始半信半疑，但是最後全盤接受了。

那時，他一個人住套房，好幾次我去找他時，發現有不同的女人在他家，他都說是乾姊很照顧他。我知道他的手機是其中一個乾姊送的，但我不想追問。也許是不敢問吧……他養了一條狗，平常很疼牠，但後來我發現他心情一差就會強灌狗狗喝烈酒！我覺得很恐怖，加上那些女人的事，我想分開，可是每當我提分手，他就會講出一些很在乎我的話，甚至哭著求我，於是我又心軟回頭。

不知道怎麼形容那種感覺，好像是希望「我能改變他」。他讓我覺得自己可以當他的救世主，心疼他是因為日子不好過才變成那樣。但顯然，跟他耗日子的過程讓我受傷了。

我們是怎麼分開的呢？其實是他突然人間蒸發了，換手機，沒去工作，還搬了家。我想找他，卻驚覺他的朋友我一個都不認識！想盡辦法聯絡上他以前的鄰居，才知道……他跟一個越南女人結了婚，還有了小孩！我震驚到說不出話，同時也死了心，沒再聯繫。

後來巧遇過他一次，我們都裝作不認識對方。但沒過多久，他竟傳簡訊來叫我加他line，當下我只覺得這個人是不是腦筋有問題啊！

他是愛情騙子嗎？或者，是不是我不夠好，他才拋下我去娶別人？我真搞不懂為什麼自己就是放不下，好像這幾年來都想尋求某個「答案」……

小慈

是你選擇不去看清事實

初接觸感情諮商領域的時候，常聽一位前輩戲謔地將愛情比喻為一場「賭博」。只不過這場賭局，大小勝出的機率從來都不是一半一半，因為我們所投下的每一顆籌碼，皆充滿青春流失和心碎受傷的風險。

然而，當局者迷，戀愛中的人總覺得自己一天不離場，便有翻本的機會，當情況不符期待，就希望能改變對方，讓收穫與自己的付出成正比。可惜就像小慈所經歷的，現實並非如此。

一年的戀情，困住了她四年，因為初戀最令人刻骨銘心，更由於她選擇不去看清事實。所以在回信裡，我決定直接用當頭棒喝敲醒昏睡在愛情幻夢中的她。

問問自己：你是沉睡的？還是清醒的？

何必為了不值得你愛的人傷心

小慈，你好：

看完你的故事之後，我第一個感覺只有替你傷感。傷感的是，你在為一個不值得你愛的男人難過。

我不想在這兒討論你的前男友是不是騙子，因為單方面地下定論，其實對他有點不公平。可是，從你對他的描述，顯然他有一定程度的情緒困擾和心理問題，這可不是一朝一夕就能爆發出來的，他的家庭背景、兒時經歷等等，都一直影響著他的成長。

・你以為自己能用愛改變他，但他希望改變嗎？

從心理學角度來看，要改變一個人的行為並不容易，單單去養成一個小習慣就已經要二十一天的時間，更何況，你現在說的是改變這個二十多歲的人。

很多女生都跟你一樣，出於天生母性，面對喜歡的人時更容易變成母性氾濫，對另一半產生過多的同理心。這一刻的你內心有著可以舉起地球的力量，只不過，我反問你：對方又是否希望改變呢？

事實是，只有你單方面為他著急，而沒有對方的配合，是不能改變任何事的。**救世主不容易當的啊！**

．所謂不捨，只是不願面對現實的藉口

你說自己無知，其實當一個人面對愛情時，往往會變得盲目、失去理智，難以做出抉擇和取捨，事事把對方放在第一位。你要明白，不只你一個人如此。

你說你想尋求一個「答案」，但你的問題是什麼？想問他為何欺騙你？想問他為何結婚沒通知你？想問他為何這樣那樣？

到了這一刻，答案已經不重要了，事實是——眼前這個男人已經不再愛你，已成別人的丈夫，你要面對這個現實。

現實是痛苦和殘酷的，任誰都不能否認，但這是一份體會，也是一段讓你成長的過程。無論你以什麼態度過活，時間都每分每秒在流逝，不會因為你的內疚、執著而停頓或倒流。你才二十七歲，還有著無限的將來要面對。

事情已經過去了，白費了的光陰回不來了。何必仍執著於一個已經不愛你、不再歸屬於你的男人身上，浪費自己的青春？不要再給自己找藉口，是時候該放手了。

・好好與自己相處，好好以愛滋潤自我

遇上一個已經不愛自己的人，你不需要責怪及質疑自己做得不夠好。一段感情出問題從來都不是單方面的，對方也有一定的責任，你不用獨自承擔。如果檢視過自己在這段感情上有做得不足的地方，就當成學習的一部分吧！這可是成就下一段戀情的寶貴經驗。

世上每一個人都是值得擁有愛的，包括了你對自己的愛。嘗試多愛自己一點吧！**過去，你可能為他而忽略了自己，現在是一個好機會，讓你好好與自己相處，好好以愛滋潤自我，使自己更加有吸引力。當你逐漸把焦點拉回自己身上後，會慢慢看清一切，並發現有許多事都放得下了。**

如何活在當下，才是最值得你去思量的課題呀！

心理師的透視鏡

對於沒有結果的戀情，我們忍不住追問：「為什麼？」想尋求一個答案。

但是到了這一刻，答案其實不重要了——面對不再愛了的事實，你才能活在當下。

愛情長跑多年，婚前他卻疑似劈腿，我該怎麼辦？

愛情關卡裡的大魔王

「心理師，怎麼辦？這次我該徹底分手嗎？」

小惠來到諮商室，帶著對八年愛情長跑的心灰意冷。原本快結婚了，卻因一次突如其來的重大衝擊，她被迫放生未婚夫。

「兩個星期前，我無意間聽到他在和一個女人通電話，說……說……想看她穿丁字褲！當時我像被雷劈到，整個人癱軟了下來，實在不知道怎麼辦。

「我們在一起長達八年啊！雙方家長都見面談好了婚事的細節，現在卻發生這種事。他哭著要我相信他，發誓他沒有做對不起我的事，但每當想像他和別的女人調情，內心實在很難受。我覺得自己為他付出再多，他也不珍惜。我還要跟這種男人繼續下去嗎？「我內心放不下，可是又怕就算在一起，以後也會出現同樣的問題。我們曾經分手兩次，因為兩人性格都很火爆。有時我會想，是不是我脾氣不好才讓他變成這樣的。我該怎麼辦？」

沒有人希望遇到這樣的難題，但是交往時間拉得愈長，遇到的關卡也愈多，可能是小卡關，而最難闖過的就是這種（疑似）劈腿的「魔王關卡」。

如果你是小惠，可以從何思考呢？

你要看見過去兩度分手的問題核心

試想，八年了，一個女人用了八年的青春在一個男人的身上，原本以為結局一定是美滿的結婚生子，幸福到老，誰知原來一直愛著的人竟有另一張「臉」。試問，就算這次你決定相信他，但下半輩子你可以睜一隻眼、閉一隻眼嗎？他叫你信任他沒有做對不起你的事，難道這八年的信任還浪費得不夠嗎？你真的要等到捉姦在床才死心？

我明白，要淡然離開已經在一起八年的男人一點也不容易，但日子再難過也要過。相反地，**你應該慶幸的是在結婚前發現他的真面目。**

你們之前已分手了兩次，這兩次的經驗有令你們進步嗎？復合後，到底有沒有真的修復了當初引起分手的那個裂痕？問題核心真的是因為大家性格不合，大家都火爆所引起的嗎？**你要想清楚，到底這兩次復合後，大家有沒有真正改善，感情有沒有進步及昇華。在明白了問題癥結的同時，有沒有好好地冷靜一下，找一個彼此都覺得可以接受的改進方案？**

如果復合後過了一段時間，彼此的陋習又再一次故態復萌，那也證明了兩人實在不能勉強在一起。

你不用把責任扛在自己身上

你覺得是自己讓他變成現在這個樣子，但其實沒有一個人可以真正改變另一個人。

從心理學角度來說，人的性格是伴隨著成長和人生的經驗去塑造。雖說你們在一起的日子有八年之久，但是要使一個人改變，最重要的還是他的個人意願及決定，如果他並沒有想改的決心，哪怕你再努力、再給多少次機會和支持，他也不會改變。

我們無法強行改變他人，所以，你也不用把責任扛在自己身上。

延遲婚期，給雙方喘息的空間，情緒也得以調整

要就此放手，確實不易。建議你暫且延遲婚期，給自己一些時間，同時靜靜地觀察他。不妨提出一些彼此都可以接受的方案，比如兩人保持著朋友的關係半年，看看退後一步的感情會不會有所改變。

有時，把一段拉得很緊的感情放緩，給了雙方喘息的空間，情緒也得以調整。

雙方在這個最緊繃的時機，退回朋友關係，是一個機會，讓兩人都能好好想想往後的路該怎麼走，想怎樣走。

最重要的是，千萬不要動怒。憤怒時最易說出傷人的話，把話說得太絕，就再也收不回去，而且最終也沒有解決問題。

如果要與對方傾訴或商討，一定要平心靜氣地告知你對他的感覺，以及這件事對你的影響。

若他也想挽回，重拾你對他的信任，必然會有所改變及行動，讓你安心。假使他還是覺得自己沒問題、你們之間沒問題——相信你心裡也會知道要怎麼做。

面對問題，而非帶著委屈隱忍

愛情要禁得起時間歷練才可以長久、昇華，在愛情長跑中，雙方更會面臨大大小小不同的挑戰和難關。沒有人能保證你的愛情可以順利闖關存活，而且正如小惠的擔憂，這一個關卡克服了，不代表沒有下一次。

我十分欣賞小惠選擇走出來面對的勇氣，也為她放下了心頭大石。能如此忍痛自我檢視，而非帶著未解決的信任問題委屈隱忍，無論最後是否分手，都是慎重處理後的最好決定，並非一時衝動。

肉體出軌與心靈出軌，哪個嚴重？

柏拉圖式的愛戀？

凱麗和文生結婚五年了，一直都很恩愛。他們不想生小孩，很享受自由自在的兩人世界。從沒想過，婚姻會出現這段意外插曲——

半年前，文生轉職到一家新公司，漸漸地，凱麗發覺文生對她的態度有點不同於以往，變得常常挑剔她、抱怨她。雖然疑心與丈夫的新工作環境有關，但凱麗並未直接質問，而是不動聲色地旁敲側擊，得知他與同組的一個年輕女同事走得很近。

其實文生也察覺自己對妻子的感覺起了微妙變化。女同事帶給他新鮮感，他覺得女孩從外型到性格都是完美的，很欣賞她。雖然都止於精神上的幻想，並沒有付諸行動，然而不知不覺地，當他面對妻子時便不自覺地挑剔起來，甚至有時雞蛋裡挑骨頭，讓凱麗感到既受傷又委屈。

幸好三個月後，女同事離職，中止了文生將這份柏拉圖式愛戀轉化成肉體出軌的機會，對女孩的幻想也隨著她的離去，漸漸消失。

而對凱麗來說，雖然丈夫心靈出軌使她很難受，但也使她**反思起自己的婚姻關係：是否失去了火花，少了表達愛的互動？**

縱使那起心靈出軌的小風波如船過水無痕，但她還是選擇主動提出，與文生把事情攤開來談。這件事，促使他們兩人進行多點溝通及關懷，令雙方感情再度升溫。她也慶幸文生未有肉體出軌，不然，她是絕對不會原諒對方的。

兩性對於出軌的想法不同

曾被不少人詢問過：「肉體出軌」與「心靈出軌」，到底哪個比較嚴重、比較不可接受？

這個問題其實沒有對與錯，而在於每個人的價值觀。比如：你覺得什麼程度才算是心靈出軌呢？走在街上看俊男美女算嗎？

嚴格來說，心靈出軌在每個人身上都曾發生過，像是在街上見到有吸引力的異性，幻想便隨之而來。而肉體出軌則是為了原始的滿足和欲望。

當然，我們在這裡所談的心靈出軌並非那麼單純的，我會說一旦心靈出軌了，若繼續發展下去，隨之而來就是肉體出軌的情節了。

在此，也牽涉到兩性對於出軌的接受程度及看法。

大多數男性較不能接受女性身體上的出軌，因為男人天生對女人身體的占有欲及控制欲較強。女性則更不能接受心靈出軌，因為她們重視心靈、精神上的占有，僅能接受男生心裡只愛她一人。

問題是，一個人在肉體出軌前，心其實已經先飄遠了，如果察覺伴侶有心靈出軌的跡象時，你並未制止，或者提出來由雙方商討解決方法，而只是縱容或逃避，結果就是再進一步地演變成肉體出軌。

凱麗選擇與丈夫開門見山地攤牌、溝通，是很有智慧的做法。

當傷口發炎、長了膿包，甚至潰爛……

要維繫感情，首要是溝通及尊重，認真傾聽對方，互相坦誠地表達自己真實的感覺和想法，才是最重要的。

許多時候，感情危機其實都是源於生活上的一些瑣碎事，當彼此的抱怨多了，矛盾逐漸增加，危機就來了。

所以，無論是哪一種層面的出軌，等到被對方發現時，要挽回往往已太遲，因為那代表雙方之間的問題已如傷口發炎、長了膿包，甚至潰爛。要是對方已愛上別人，即使最後感情得以挽救、獲得對方原諒，但雙方心中還是會有根刺，信任度已經下降了，雙方必須投入更多努力才能修補關係。

若沒有做好這層覺悟，倒不如放手，不要為難自己吧。

吵架冷戰了，我要不要哄她？

你以為讓她冷靜一下，就沒事了？

一對戀人吵架後，陷入了冷戰，很容易僵持在以下的狀態：一個以為對方不會走，另一個則以為對方會挽留。

然後結局呢？冷戰持續下去，大家互相不理不睬、漸行漸遠……唰，一段感情就此結束。

少傑與女友蘋安感情很好，別說冷戰了，兩人連吵架也很少。他從沒想過竟然會因為一次冷戰而失去心愛的人。

公司派少傑去歐洲出差，整個九月都得待在那裡，而蘋安的生日偏偏就在九月。

大半年了，少傑因跳槽到新公司，可說是沒日沒夜地埋首工作，雖然因此幾度臨時對女友爽約，但**他都覺得自己是在拚事業，更何況也是為了他們的未來**。

從他的角度看來，蘋安應該會體諒吧。但是**對蘋安而言，只覺得自己愈來愈受冷落**，多次想找少傑好好談談，可是他都爽約了。

就快到自己的生日了，以往每年過生日，少傑都會精心為她準備驚喜。今年兩人的關係似乎有些低潮，她想或許能藉這個生日做些修復，就算再忙，起碼會記得在出國前，提早幫她過生日吧……

出差前的準備工作占去了少傑所有心思，滿腦子只想著「九月要去歐洲」，壓根忘了九月還有另一件大事——直到臨出國前，兩人通電話。

「你後天要出國了耶，一個月，好久喔……」蘋安欲言又止，等著男友給回應。

但少傑只說：「對呀！還有好多事情要忙，整個九月都會好累。我在歐洲會想你。」

蘋安終於忍不住了，「那你還記得我的生日在九月嗎？」

他竟然完、全、忘、記！

蘋安發了有史以來最大的脾氣。在沒有辦法之下，第二天，少傑只好硬著頭皮向公司請假數日，延後出發，甚至願意自費買機票赴歐洲。但由於這項業務一向都是由他負責，加上這是重要客戶，對公司來說是一筆很大的生意，實在不容有半點閃失，所以公司退回了他的假單。

少傑趕緊打電話給蘋安，她聽了解釋，不但未如他所想的諒解，反而直接掛斷了電話。他改傳訊息，然而，直到隔天出國後，發出的多則訊息皆石沉大海。

他開始忙於工作，想著等十月回國後再找女友好了，這一個月的冷靜期正好能讓她消氣，到時再好好解釋一番，應該就沒事了。

一個月轉眼就過了，少傑當初想像的復合當然未發生。在那一個月當中，他甚至連女友的消息也沒有。對於那些訊息，蘋安沒有任何回音。

心急如焚的少傑不理會下機已是半夜時分，一出機場就馬上去找蘋安。坐了一個小時的車，前來應門的蘋安，反應卻是前所未有的冷淡。

原來在她眼中，認為少傑根本不珍惜兩人之間的感情，即使在冷戰期間，他仍舊忙於工作，沒有要挽回她的心意——而她的心也在這個月內絕望地凍結了。

這一刻，無論少傑說盡多少情話、流盡多少淚水，這段感情已無法起死回生。

損人不利己的冷戰

冷戰，其實是十分低效率的。

剛開始時，可能只是雙方都不想認輸，**而當時間一拉長，（通常是）女方發現對方並沒有挽留，這一刻她想：「原來我對他來説一點都不重要了。」而男人往往以為等對方冷靜下來就沒事了——其實這是大錯特錯。**

當有時間冷靜，女性就會變得愈來愈理性，認為伴侶真的不想挽留自己，原來自己在他心中那麼不重要……產生分手的念頭。而且這個念頭是經過認真思考，不是一時之氣啊！

若沒有要分手的念頭，吵完架，請你主動去哄哄對方，給對方一個台階下，而不是冷待。

如何化冷為熱？

·直接打電話，別怕被打臉

有人會提議：如果是我，女友不理我，我怎麼也得打上十通電話啊！讓她看到有這麼多未接來電，她內心肯定會欣慰，覺得男友是在意自己的。

這可能會有點用，但其實當她怨氣正盛，肯定不想輕饒你，要懲罰你一下，所以她可能不會接電話，你只能耐心等待，她會慢慢心軟。

而當她終於肯與你通電話，你可以真心真意地求和，先檢討自己的問題，向她認錯。若要進一步溝通雙方之間的問題，等事過境遷，彼此情緒都緩和下來再進行。

・傳文字訊息，別怕主動示弱

要是她不接電話呢？

你還有文字可以運用，傳訊息給她吧。

就算未獲回音，也持續傳訊息表達關心，不一定非得有事才找她，就算沒事也可以寫幾句簡單的心情，比如：「**也沒什麼事情，就是想你了。我的內心空空的，想和你說說話。你可能還在生我的氣吧。我希望你對我有什麼不滿直接告訴我，責備我都沒關係，總比不理我要好。之前冷戰是我不對，我現在知道錯了。**」

不要怕主動示弱，讓她看到你一直真心實意地挽留。她的目的不是分手，而是想看到你的態度改變，當她的目的達到了，你們便能開始慢慢修復關係，**這個過程可能需要好幾週。**

愛的反面不是恨，而是冷漠

你可能記得上一次是何時冷戰，但未必記得冷戰的原因吧。一個小小的衝突就能激使雙方產生爭執，而後衍生為冷戰，情人間難免如此。然而，**衝突、爭吵、冷戰，這三個過程只能在同一天內完成，不要帶過夜，否則氣難平，只會將傷害無限放大。有矛盾，建議當天解決。**

分手往往都不是吵架導致，冷戰比爭吵更可怕、更傷感情，因為吵架才是暴露問題、解決問題的過程，冷戰卻是斷絕了溝通。**爭吵是帶有情緒的，正因你在乎對方才會有情緒。如果沒有愛了，連吵都懶得吵。**真正決定分手的人往往會說：「你很好，是我配不上你……」之類的空話，當他不愛你了，最後連指責都懶。

所以如果一對情侶仍吵得起來，表示這段感情還是有救的，因為愛的反面不是恨，而是冷漠。

先讓她靜一靜，然後……你們可能沒有「然後」了

若你們是因為一些很難接受的事情大吵一架，比如她和別人有曖昧，或甚至劈腿，那就考慮直接放手，不需要哄了，否則只是勉強自己也勉強對方。這樣的事情發生，感情已變質了，若非雙方都有心挽回，是不可能和好如初的。

但如果只是因為性格、習慣磨合產生的矛盾，先安撫對方的情緒，再平靜地表達你的想法，因為情緒激動時，她是聽不進你的話的，只會覺得你一直在對她吼（即使你語氣平和），當然不會認真聽你說。

總之，**別想著可以冷處理**，**因為吵架之後**，**女人最害怕的便是男人就此放棄**，她可能一個人默默地在被裡哭泣。如果你突然沒有回音了，她只會覺得你連哄都懶得哄了，她愈哭愈傷心、愈絕望。你想「先讓她靜一靜，然後……」，然而拖著拖著，等她冷靜下來，可能就是沒有然後了。

會主動求和的另一半，請你好好珍惜

或許男性會感到委屈，「為什麼都要我主動求和？我也需要人哄啊！」

吵架後，應由誰先認錯、求和？這點當然沒有絕對的答案。就像網路流傳已久的「愛妻守則」第一條「老婆永遠是對的」，有不少女孩子認為無論如何都應由男方先主動認錯，表示他有風度、重視自己。但也有人是持平看待。

最重要的是這一點：每個人都有自己的底線，沒有一方能夠長期無底線地去哄另一方，主動求和。

主動道歉這個行為，與人的自尊有關。明明剛剛吵到面紅耳赤，多麼堅持己見，現在開口談和，不是完全推翻了自己剛才的大道理嗎？所以這實在是一件很困難的事。

如果你身邊有會主動求和的另一半，請好好珍惜吧！因為對方真的把你放在比他／她的自尊心更高的地方——你比他／她自己更重要。

心理師的透視鏡

冷戰比爭吵更可怕，更傷感情，因為吵架才是暴露問題、解決問題的過程，冷戰卻是斷絕了溝通。

失戀，會讓人痛死嗎？

痛苦若分為十級，你給「失戀」第幾級？

「失戀，到底有多痛？」在每個月一次的姊妹淘聚會上，剛與男友分手的婷婷幽幽地提出這個問題。

簡單七個字，要給出一個答案卻如此之難。三個女人的嘰哩呱啦因這句提問而變得鴉雀無聲，原本熱鬧的氣氛，頃刻間沉寂下來。

打破沉默的是貝兒，她問：「如果做一項痛苦程度排名，生小孩是最強的十級痛楚，那麼失戀會是第幾級？」

「那當然不一樣。生產是肉體痛楚，過後就沒啦。而失戀卻是精神上的折磨，不知何年何月才會復原，亦有可能永遠都不會復原。」當了媽媽的欣欣解釋。

三個都曾經歷失戀的女人，這一刻有如遇上一個非常哲學的問題，又或者因此被帶回到過去。大家不約而同靜默地低頭喝著冷飲，彷彿希望以那股冰凍的刺激壓抑住冒出來的痛楚回憶。

心碎，讓人「置之死地而後生」

一段感情的誕生是情感關係中最令人嚮往的，戀人們千方百計地想要將快樂時刻無限延伸。當小心翼翼呵護的感情之花慢慢枯竭，最後死亡，那椎心之痛實在不是單以三言兩語表達得出。

有人說：失戀會心痛，猶如撕心裂肺般的痛，再痛下去會痛到心碎，那真有可能會痛死啊！**別傻了，心碎後當然是不會死的。心碎反而是讓人「置之死地而後生」，像打電玩時失去一條命後，你便可以把一切推倒，重新再來。**

處理失戀的方式有千百萬種。失戀後，你可以不睡不吃，哭泣至天明，但**明天過後，最多讓你請一天病假，然後，還是要繼續上班。**

以工作麻痺自己？只是延遲痛苦再現

會不會怕無心工作？這倒可以放一萬個心，現代社會的生活節奏，我想已無空間和時間令你分心。面對著堆積如山的電郵、文件，加上一個接一個會議，這一切只令你身心俱疲，但也正好是這種累死的感覺，平衡了你失戀的痛楚。

不過，如果你想以工作麻醉自己，擺脫失戀的感覺，或者將痛苦中和一下，表面上好像行得通，但實際只是一種將痛楚拖延及推遲的做法。

當日子一久，那份潛藏著的傷感等負面情緒始終還是需要發洩出來，要流的淚總歸需要排出，以免阻塞住心。加班後，你拖著沒靈魂的身體回到家中，然後發現倦透了卻仍然睡不著，心碎的感覺就偏偏在寧靜的深夜時分滲出來，心痛加上疲倦，實在讓人痛不欲生。

想哭就哭吧！這是失戀者的基本權利

面對失戀，最重要的是真正去面對，而不是逃避。

情緒是需要釋放及過渡的，一直存在體內只會有害無益，就像顆不定時炸彈般，只是你不知什麼時候會情緒崩潰爆發。

失戀後傷心欲絕，伴隨著失望、自我形象低落、思念、後悔等種種情緒，**一旦它們浮現，我們反而要承認自己就是這樣傷心，不用裝強，誠實面對自己內心的感覺，想哭便哭。當面對自己最真實的感覺後，你會發現，「放下」也變得容易了點。**

所以，當你想哭的時候請盡情痛哭，這是失戀者擁有的基本權利，心痛的感覺會隨著淚水一起排出體外，使情緒得以獲得排遣。

當有一天，你再也哭不出來時，也代表你的心痛已得到了平衡，不用多久又是一條好漢了。

最好的愛，正在路上

記著，雖然失去了一個你愛的人，但並沒有失去那些愛你的人——你的朋友，你的家人，以及你自己。

時間當然沒有在你沉淪於失戀之痛時停下來，很快地你會發現，**原來身上的愛並沒有因此而缺少，只是對你來說，最好的尚未來臨。**

失戀的哀傷，如何拯救？

既然對方已放掉你，為什麼你還回頭看？

朋友被另一半拋棄了，心碎的她兩杯酒灌下肚後，黯然說著：「我居然曾經和那種絕世渣男在一起過，真是令人噁心……」

分手之後，我們常覺得自己當時是不是瞎了眼睛，竟然會盲目地愛上這麼一個爛人……但捫心自問，在分手之後埋怨自己眼光差、過去愛錯了人，這份痴心錯付的無奈耿耿於懷有什麼意義呢？

聽過這句話嗎？**「你沒有非要誰不可，不會因為失去誰而不能活著。」**

這不僅是自我勉勵或安慰，而是千真萬確的。既然對方已經選擇把你放下，為什麼你還要回頭看，將自己的生活硬套上這樣的噩夢？

失去所愛，有時確實比死更難受。但**既然已成定局，再花力氣去討厭對方，也只是在折磨自己。**

小嫺的噩夢

小嫺和勝宇是甜蜜的一對，朋友們也早習慣了兩人在眼前放閃。交往滿三年的那天，勝宇求婚了，對小嫺來說，這是人生的幸福新高點。

然而，老天爺像對小嫺開了天大的玩笑，就在求婚後沒幾天，她發現勝宇竟然和另一個女人去了旅館——那個女人，是她的閨密！

她實在不敢相信，只希望是作了一場噩夢。可是，事實就擺在眼前：深愛的男人和她的好朋友……

頓時失去了支撐，小嫺心裡只有一個念頭：「沒有了他，我今後的生活怎麼過？」就是這樣的想法，害怕一旦被勝宇察覺自己發現了，他會離開。於是她下定決心把出軌一事當作從未發生過，希望只是勝宇偶爾意亂情迷，不會再有下一次。

但事實不如想像美好——勝宇一邊積極與她籌備婚禮，一邊卻仍偷偷幽會。小嫺沒有勇氣點破，只是暗暗把一切看在眼裡，自己承受嫉妒和不安折磨。

無人可訴說的壓抑，讓她快崩潰了！眼看婚禮將近，她決定找勝宇攤牌。

最後，兩人在婚禮前夕分手了。儘管這是小嫺原本就預料到的結果，但分手的痛苦，讓她患了嚴重的憂鬱症。

分手，只是給自己一個機會

不管分手的原因是什麼：劈腿、欺騙、爭執，甚至暴力傷害……都請你試著去好好原諒。**原諒，不是要你大方地對一切視若無睹，而是一種解脫，就當作是你給自己一個重生的機會，和這個人狠狠地斷絕所有關係。你現在最需要的，是重獲自由。**

搬出你倆的住所，丟掉那堆沾滿彼此回憶的舊物。別再執著追蹤對方的一切，別做自己也看不起自己的事。

把心情好好地安頓下來，好好去享受一下一個人生活的愜意。你唯一要專注的是，讓心情和生活穩定下來，試著將情緒由痛苦的感覺中抽離。

發洩不是罪過

如果可以，找方法盡情宣洩不滿、盡情抒發悲傷，**這是失戀的特權，請好好利用**：為自己計畫一趟快樂的散心之旅？還是找一大群知己好友，好好地吃喝玩樂？

用力把內心所有失戀所致的情感廢物消除掉吧！

別再無限期地任痛苦時光倒流

某天，當你發現自己可以擁抱寬恕，再次令那份愛情的感覺在體內流動，當初的那些不愉快，都早已化作微塵了。

別再妄想要拯救你的哀傷，就任由它隨著那已無藥可救的感情，長埋三尺黃土之下吧。

千萬不要把痛苦存在你心裡，無限期地任時光倒流。

為什麼有人分手後，可以馬上與別人交往？

分手移情症候群

移情作用是精神分析的重要概念之一，最早由精神分析之父佛洛依德提出。「移情」是指患者的欲望轉移到分析師身上而得以實現的過程。

而在今時今日，移情作用更加廣泛出現在愛情體系中，當中最常見的，我稱為「分手移情症候群」。簡易的解釋就是：在分手的過程中，患者將自我的感情轉移到另一個客體或另一個人身上，通常這人是新的另一半或陪伴者（例如心理分析師或身邊的閨密）。

沒錯，這裡說的就是在分手之後，明明上一秒鐘還哭得死去活來，下一秒卻可以收起分手的眼淚，帶著新歡出現在人前。**其實這只是假象，一個既騙別人，也騙自己的大謊言。**

別被愛的假象騙了

這個故事發生在我一位擔任精神科醫師的老同學身上。

身為精神科醫師，每天都會見到不同面孔，情況嚴重者有些已經神智不清、語無倫次；當然也有患者十分清楚自己的行為道德，一切處事標準與一般人完全相同，只是有心理上需要解決，放不下、想不通的事情，所以最後到診間尋求協助，期待解除心結。

有天，他的診間出現了一名女病人小慧。小慧是老師，經濟與生活條件都不錯，但原本平順的人生因感情問題而整個翻轉，於是找上了精神科醫師。

半年前，小慧發現認識近五年的男友劈腿，兩人因而分手。分手之後，雖然身邊有許多追求者，但她如驚弓之鳥般完全無法接受。前男朋友不忠導致她嚴重地情緒低落，也無心教學，她毅然辭掉了老師的工作。之後，她每天都把自己關在房間裡，吃睡都在房內，完全沒有離開的意思。

戒斷曖昧

小慧的媽媽看到這個情況，心知不妙，想開導女兒卻遭拒絕，最後在半拖半拉下，把女兒帶到我朋友的診所接受治療。

朋友了解基本的情況之後，小慧彷彿終於找到了一個宣洩的出口，把先前的不安與對前男友的不滿和盤托出。經過進一步地詳談及檢查，確診小慧是得了憂鬱症。經過將近一年的專業治療，小慧的病況慢慢受到控制，而她害怕與男性接觸的恐懼感亦慢慢消滅，人也變得開朗了。

本來，看著病人的情況一天比一天好，對於主治醫師來說實在是最大的安慰，可是，另一個問題隨即出現了。

朋友發現近日小慧來看病，每次都精心打扮，穿得很美，甜美的她顯得更有吸引力。她甚至看似巧合地在他下班時，出現在診所外，或是以各種藉口想要約他外出。敏感的職業直覺有如警報，告訴他這是「移情作用」在搞鬼。

無論精神科醫師或心理師，工作是為人排難解憂、安撫心靈。患者或個案來找我們時，由於多數都處於心理素質低下的軟弱時期，在診間、諮商室獲得了關心與支持，十分容易將好感投射到我們身上。

而我朋友呢，在了解事情與移情作用有關之後，決定把小慧轉介給一位女醫師，繼續為她治療憂鬱症。同時，為了不影響康復中的患者及保持身為治療者的專業，他決定不再接見小慧。

最後，逐漸康復的小慧也清楚了自己當時的情況，其實她並未喜歡上我的朋友，只是當下急於想找依靠，不自覺產生了錯覺的移情。

你可能在找「愛的替身」

分手，有時跟隨著出現的不單單是傷心，還有寂寞和不習慣。而往往在這些負面情緒出現的同時，當事人迫不得已找了一個愛情替代品，以另一種方式繼續愛著過去的那個人，這可說是一種「備胎」。

對當事人而言，或許愛情替代品是讓自己死心的最好方法，盡力將內心掏空，強制把舊有的愛擠進另一個人身上，總比苦苦守在原地，沉淪在哭泣及傷痛的氛圍裡來得實際，也比等一個不知道會否回頭的前任更加容易。

就像小慧，她把對前任的感情投射到自己的治療師身上，醫師的親切關懷及幫助，使她有如重新得到了在愛情中，伴侶給她的愛護。然而，**她沒有想清楚這到底是不是愛情，只是覺得對方很好，自己好像有了被愛的感覺，同時又可逃避分手的痛苦感受。**她要在痛苦的現實中找出口，剛好身邊只有治療師，便很快地移情到對方身上。

所以，奉勸喜歡慫恿失戀者快點找個新歡以忘卻舊情的人，這個建議其實是害了你的朋友呢。

你根本沒有花時間讓自己對舊情放手

如果與移情對象真的發展出戀愛關係，那個愛情替代品的受害者，會為你傾注真心，對你很好，而你也看在他對你不錯這一點，留在他身邊並接受他。

但在之後的相處過程中，你會不自覺地將他與前任比較，繼而迫使對方要做像前任一樣的事情，你恨不得立即將他變得和前任一模一樣，因為**你根本沒有花時間讓自己對舊情放手。**

在內心深處其實你很清楚，選擇這一個他，只是不希望讓自己的愛情荒廢，而以他作為退而求其次的替身。

反觀這個可憐的替代品，他始終未察覺自己的存在意義，只是默默地愛著你，正如你曾那樣痴情，傻傻地把前任當作全世界。

當新歡在行為、態度及喜好上被你調教到與前任一樣時，你可以進一步自欺欺人，告訴自己又再一次找到「真愛」了。

但是日子久了，你終究會發覺他與前任是兩個人。你不會討厭你的前任，卻會埋怨這個現任、這個替代品。

或許連你也不清楚，其實自己仍暗自期待前任回來。眼前這個人永遠都只會是備胎。

但我請你反問自己：**真正的愛是怎樣的呢？你要的又是怎樣的一份愛？**

別讓身邊的他／她，成為下一個你

因失戀寂寞而馬上找人陪伴，只因傷心沮喪而胡亂找樂子，當你假裝全情投入，在能量消耗殆盡的那一刻，傷心面的反差往往比之前更大、更傷。

只要一想到過去的他只活在記憶裡，不管你怎麼努力去逃避、去忘記，分手之後不管過了多久，那個時間的沙漏也像凝住了一樣，就算過了多少個春夏秋冬，那人的背影仍在原地、在心頭，遲遲不肯離開。儘管你找到一個替代品，但那些曾經幸福過的經歷，今日卻化成一種揪心的痛。

戒斷曖昧

這種痛，沒人可以幫你撫平，愛的替身也無法把你醫好，只有時間才能療癒你的傷口。**對自己公平點，也對現在的另一半負責點。**逝去的感情，就由它隨風而去吧。記住，沒有他，你仍然是你自己，你仍得活著。如果你明知自己根本不適合投入另一段新戀情，那麼請放過那位愛的替身，不要讓他成為下一個你。

想起了歌手薛之謙的〈剛剛好〉這段歌詞：

我們的愛情，到這剛剛好，
剩不多也不少，還能忘掉，我應該可以把自己照顧好，
我們的距離，到這剛剛好。不夠我們擁抱，就挽回不了，
用力愛過的人不該計較。

跟前任分開請忘情；與替代品分手要及時。

剛剛好，就好。

我到底做錯了什麼，被如此對待？

被分手者的矛盾

分手，無疑令人傷心欲絕。如果能有選擇，許多人會希望自己是先提分手的那方，因為已做好心理準備，對接下來的一切較能平靜以對。

而被提分手的一方呢？按理說應該是激動、悲痛，對於對方充滿恨意的。但事實上，許多遭分手的朋友在短暫的怨恨過後，**一方面繼續自問：「我到底做錯了什麼，要被如此對待？」一方面卻仍想著對方的好，陷入矛盾的情緒漩渦。**

前陣子先後收到兩封信，至傑和茱兒不約而同地提出這方面的困擾。我想，剛好可以分別從男性及女性的角度，與大家一同來思考。

至傑：我再也不敢相信人了

隼人，你好：

這件事我放在心裡很久了，一直無人可講，謝謝你願意耐心聽我說。

我和前女友是認識兩年後開始正式交往的，但在交往後，發覺她的媽媽並不喜歡我。我家裡的經濟狀況不太好，身為長子，我自然肩負更多養家之責，並且半工半讀。女友的媽媽嫌棄我窮，常勸女兒離開我。

後來我去當兵，就在入伍三個月後，女友向我提分手。當時我盡力挽留，表達自己的深愛，但她去意已決。

分手一週後，我突然收到她一位朋友的訊息，詢問我：「你分手就分手，何必要搞得這麼難看？」我不解地追問，才發現原來前女友在社交網路上指摘我說謊和到處抹黑她。我傳訊息問她：「我根本沒做你說的那些事。到底是怎麼回事？」結果被她封鎖了。

當下我感到非常生氣，自問一直在服役，什麼都沒有做過！我能理解她因經濟現實而和我分手，但無法接受平白被誤會，所以我打電話給她，但是不想跟她撕破臉，盡量心平氣和地向她問個究竟。

原來，是我的好兄弟從中搞鬼！他告訴她，我在分手後四處亂講她的壞話。前女友是迫於家裡的壓力而無奈離開我的，但這個兄弟因為想追求她，所以故意抹黑我，還說以他對我多年的認識，如果繼續和我糾纏下去，我會是個恐怖情人，慫恿前女友與我斷絕往來。

身邊知道事件來龍去脈的朋友說，我怎麼就沒有懷疑過他居心不良。我能說什麼呢？畢竟是她寧可不信自己所認識的我，而選擇相信別人的話。

後來，這位前兄弟（發生這種事，當然無法再跟他哥倆好）得償所願，與我的前女友戀愛了，可惜不到一年，他倆也分手了。但不同的是，他們倆並未翻臉。而我呢？被他這麼一抹黑，我被前女友永遠列入黑名單，連朋友都做不成。

這件事讓我到現在還很怕交新朋友，深怕受到背叛及欺騙。

後來，我選擇離開傷心地，到東南亞發展，在事業上拚搏，現在當上了中階主管，也成為家裡的經濟支柱。但是對這件事，始終耿耿於懷。

他是花花公子的類型，見一個追一個的，卻能與我前女友分手後還和平相處，難道他身旁就沒人看清楚他的為人嗎？

我覺得自己就像陷入了一個死胡同，想不透自己到底做錯了什麼，被前女友這樣對待？

不敢再相信人心的至傑上

‧即使曾遭背叛，也別放棄「相信自己」

至傑：

謝謝你信任我，試著敞開自己對我傾訴心事。在你內心深處，並未放棄「相信」這件事。人心難測，而現實是殘酷的。

首先想說說，前女友的媽媽因覺得你沒本事、經濟條件不好而阻止女兒跟你在一起，對一個母親來說是人之常情，我們不能怪她。每個人價值觀不同，做母親的自然會想為女兒挑選一個條件優厚的男人吧。

家人和父母是與生俱來的，你沒有選擇的權利，但你並未因為被女方嫌棄而放棄自己的家人，你對自己家庭的支持是絕對正確的。這一份親情，很不容易。

而關於你與前女友分開了，我覺得對你來說也未嘗不是好事。

先別說你們正式交往有多久時間，你們由朋友開始，認識了兩年後才交往，那麼彼此都有一定程度的了解吧，起碼對方的為人如何，你們彼此很清楚。既然是這麼熟悉的人，為何聽別人隨便抹黑幾句，就足以令她對你起反感，從此封鎖你？

她表現得像對你連基本的信任也沒有，聽到謠言後，直接翻臉，連去懷疑、求證的心也無，實在看不出她對你的愛有多深。所以**失去一個不太愛你的人，並不需要感到可惜，這只表示「對的人」尚未出現。**

無論是與前女友的戀情，或者那份曾經的兄弟情，既然關係到了終結，那就讓它成為過去吧。

聰明的人會從錯誤中學習。

不管前兄弟當時怎麼抹黑你、他是怎樣的渣男都早已與你沒關係了。放下過去，才能擁抱未來。他只是你人生中的過客，當時的對與錯不用追究，也不用執著，況且他做了那樣的事，實在連讓你花力氣去討厭他的資格也沒有啊。

再說，你到了國外、當上中階主管，人生歷練比當年分手時的大男孩更成熟、穩重了。雖說防人之心不可無，但你也要相信自己已長大，有足夠能力去選擇適合自己的朋友及異性。

慢慢再拓展自己的生活圈子吧。**每個人都值得擁有更好的東西——只要你相信便可以。**

日後當你又再緬懷舊事，我想請你停下來，問問自己：**這些年來，花了這麼多時間執著於一個不懂你的女人身上，值得嗎？**

・看見自己的成長，以自信解開心結

即使面對前女友不信任、盡信別人對自己男友的抹黑，至傑卻仍然渴望能與她做朋友。這是為什麼呢？

可能是出於好勝心，也可能是看見造謠者竟能與前女友維持友誼，而自己卻變得生人勿近，心裡不是滋味。

不過，我們從字裡行間不難看出，至傑雖然是被分手的一方，但他對前女友其實並沒有恨意，還是想與她保有聯繫。可是我不點破，因為任何人被說中深藏於內心的想法，第一時間會本能地反彈，反而會抗拒接受。

我的做法是：**先從他現有的成就，讓他去看見自己如今的能耐及能力，同時引導他察覺自己的放不下，才能進一步地湧生「走出過去，邁向未來」的渴求及自信。**

茱兒：我為他變得不像自己

你好：

在網路上看到隼人先生能協助處理感情上的問題，想請你幫幫我。

我和前男友分手八個月了，是他要分的，說感覺不對了。可是直到分手前的三個月，他都還很熱情，還說過：「如果早點認識你就好了，說不定早都結婚了。」不知道是否因為我開始抱怨工作上的事，漸漸覺得他對我的態度有點改變，或許是他發現我不像他想的那麼幽默、樂觀和聰明。

他算會讀書，而我是做工的，同事也都是同一個層次，所以我無法和他分享比較有知識的話題。

我愛往外跑，但他偏好比較靜態的活動，交往期間，出去玩、曬太陽什麼的他不喜歡，然後會拿他的文青前女友來比較。

到後來，我覺得為了他而變得不像我自己。我不開心，也給自己滿大的壓力。

雖然感覺到他慢慢變冷淡，但因為他說過前女友就是因為這樣而跟他鬧，甚至拿分手威脅，結果他真的分手了，所以我以為他的冷淡是正常，也不敢表達自己心裡多不舒服，只是撒嬌地要聽他說甜言蜜語。但最後他還是說「感覺不對了」要分手，我問他到底什麼叫感覺不對，他除了又搬出前女友比較外，還說和我聊一些事情時，我的反應不是他要的。

可是分手沒多久，他又約我出去一次，跟我如以往那樣發生關係，但完事後不再體貼地抱我或親吻。那次之後，我就再也聯絡不上他。

回想起交往的那段時間，我為他變得不像自己。

他不喜歡聽抱怨，所以我只能對他報喜不報憂，可是無法分享真正的心事，讓我覺得彼此很疏遠，不了解對方。

他喜歡談論政治，所以我也試著去看政治新聞，可是我聊的話題，他好像都沒興趣。我努力想討好他，不敢隨心所欲地聊天，都在想什麼才是他感興趣的。

分手後，我也有認識不少男生，卻發現自己變得像前男友一樣，會忍不住拿前任做比較。我當然不想一輩子都活在他的陰影下，可是真的找不到各方面像他這麼好、能燃起我熱情的男生……

到底該怎麼辦呢？

找不到自己的茱兒

‧平衡的感情，是不為對方「假設」太多

茱兒：

謝謝你的來信，非常詳細。

從你描述與前男友的交往，我發現一個重要的問題，就是你為對方假設太多想法。

例如，你說他的前女友因他冷淡而鬧翻，便猜想他對你冷淡也正常，卻未去了解或找出對方冷淡的原因。**這樣的猜想和假設，是跳過了與對方溝通這一環，自己單方面不停地思索，直接下了定論。**其實他也有相同問題，光說感覺不對，你的反應不是他想要的，卻未解釋他到底想要什麼。

每個人都是獨立的，沒人會是任何人肚子內的蛔蟲。不說出來，彼此怎樣了解呢？**一段平衡的關係是，當你感覺到不對勁時可以放心提出來，雙方心平氣和地討論改善方法。**

在這段感情中，很明顯地是你比較主動，然而感情是需要互動的，不能永遠只有單方面在努力。

關於你們分手後又發生關係，若他再約你，請你要留意：是否每次他都是「有需要」時才相約？記住啊，**千萬不要變成對方洩欲的工具。**

另外，我要肯定你願意對心愛的人「投其所好」，這原本是正確的事，喜歡一個人自然會想了解對方的喜好，進而配合。但切記，這也不能是單方面的，不然就會變成過分遷就。**他喜歡什麼，你就去學什麼，那對方又做了些什麼來配合你的喜好？**

最後，也是當下最重要的一點：分手後，你對他仍是高度評價的，縱然有說他的不是，同時卻又替他辯護——這正是許多人在分手之後面臨的問題。

人們難免會美化前任，完美化他的行為，過度放大他好的一面，以選擇不去面對他的不好之處。人們喜歡保留美好的記憶，但往往是給自己錯覺，誤以為世上再沒有人可以比得上前任。

為了幫助你誠實地面對自己，請你拿出紙和筆，回答這兩個問題：

一、寫出對方（前任）的五個缺點。

二、寫出在這段關係中，他曾令你感到不愉快的五件事情。

思考過後，你將明白原來自己確實美化了對方。認識新的對象時，這個方法也有助於你清醒些看待新的關係。

・寫下來，理性地辨識對方的優、缺點

無論男女，被分手後都容易美化前任，放大對方的好，而漠視或逃避不好的地方。要真誠地面對他／她、面對自己，就要拿出理性去思考。

提筆寫下對方的優點及缺點，在書寫過程中，我們需要邊思考邊寫字，這時，我們會受到處理「理性思考」的大腦前額葉皮質主導著，而不受負面情感影響，如此就可助你理性地思考和分析：那些優點、缺點是否為真？還是被你美化了？

盡情寫出你所想的，不用當下翻看，可以把它放在一旁。過一段日子後再拿出來看，可能你會取笑起自己所寫的內容，因為**當你理性地再讀一遍時，會發現很多所謂對方的好，原來都只是被那個沖昏頭的你誇大了。**

以理性的方法處理感情事，才能有效幫助你真正地放下。

分手之後，還可以做朋友嗎？

海市蜃樓般的情節

分手之後，兩人還可以做朋友嗎？許多個案在做感情諮商時，這麼問過我。

我必須直說，分手之後可以做回朋友只會在電影裡發生。「友達以上、戀人未滿」只是戲劇將愛情描寫得更淒美的騙人伎倆，現實中是海市蜃樓，這樣的情節原本不應存在。

當一段感情開始，就像一間原本空置的房子突然搬進一戶新住客，本來空虛荒蕪的心靈，霎時充滿著不同的情感，因為這名新住客的打理而變得綠草如茵。

展開一段感情時，每個人都希望能長相廝守，相信對方會是自己愛的最後一個，然而，愛情是一齣不可預料的戲碼。由相戀、激情到後來的淡然、分開，就算再不捨，也只能心痛地道再見，夜深人靜時，苦澀的眼淚沖刷著這一份已不再屬於你的舊記憶。

一段感情的完結本應如此：慢慢讓傷口自我復原，然後結痂。

所以分手後仍做朋友，不管是哪一方的要求，這樣的安排真的對雙方好嗎？

獵人愛上獵物，只在幻想中出現

嘉芳與男友交往了近十年，本來已準備結婚，但半年前，男友突然說覺得兩人感情淡了，想要分開，態度堅決得毫無挽回餘地。

半年了，嘉芳一直無法接受這件事，更讓她走不出來的是兩人仍繼續有聯絡。當初提分手時，他說：「在一起這麼多年，你是最了解我的人，雖然分手，也希望我們仍是好朋友，彼此關心。」他的主動聯繫卻讓嘉芳難以轉換心情，總是因他的出現而起起伏伏，可她就是無法不理會。

她試過認識其他人，也明知應該往前走，但內心仍有期待，每當聽到前男友的消息，所有努力便破功。

如果你是嘉芳，你會怎樣面對？

以男性的角度，分手之後仍維持朋友關係是有利益的——對外，他可以表現出自己的大氣；對你，就算他不是還想跟你有親密關係的渣男，也可為自己留下一道戰勝的紀念品，甚至是感情上的備胎。你的角色有如貓咪掌中的老鼠，他無聊時就拿出來把玩一下。他的偶爾撥弄讓你暗懷期待：「或許我們還有可能……」對過去痴痴留戀，但事實是，他的好或壞不再與你有關。獵人愛上獵物的情節只會在幻想中出現。**既然對方決定分開，無論他當初把原因說得多漂亮，其實只有「不再愛了」才是真正原因。**

與前任之間的友誼，是一段缺氧關係

遇到這樣的狀況，請你還是清醒吧，別傻了。你要重回「正常生活」。**如果分手之後仍然想要做朋友，說穿了，根本就是沒有停止愛過，或是你未給自己停止的機會。**

當感情來到終點，卻放不下對方，這樣苟延殘喘地留住一個人，又有什麼意義？

而當你狠不下心放掉原已千瘡百孔的感情，何來另一個新的開始？

人類的心理設定喜歡安穩，因此面臨風險的同時，心理上就會出現壓力。

適量的壓力是正面的，有助於我們產生動力去解決問題，但就感情而言，與前任繼續往來，面臨對未來的不確定與可能再度失去的雙重曖昧壓力，單單如此已足以令人缺氧。

請你用心認清這個事實：

分手時，感覺被對方拋棄，曾經說過的一切承諾付諸流水，永不兌現；當你好不容易由谷底反彈，辛辛苦苦地養好傷，打算站起來重新出發的時候——看見了嗎？他卻不考慮你的感受，回頭毫不留情地在你的傷口撒上一把鹽。

你必須為自己斷掉那不正常的關係。

揮劍斬情絲並不容易，請用心看清楚誰值得你去愛，用心了解你要的是什麼，花心思讓自己的生活重回正軌，請你好好地用心活下去。

切記：分手只是單純代表著一段感情的終結，你的生命仍然在燃燒，未來的路不管再苦、再甜、再遠、再難，日子總要過下去，唯一不同的，**只是由兩個人回到你一個人的原本狀態。**

應該與前任復合嗎？

談復合前，得先想清楚的五件事

在感情諮商中，個案最常問的問題之一是：分手後能做朋友嗎？另一個問題便是：**我應該與前任復合嗎？**

分手之後做朋友其實是不可能的事，勉強把快要斷氣的感情延續下去，只是延長彼此的痛苦。

而當一方提出分手，另一方的本能反應往往是希望挽回、要求復合，但是要提醒你：**你們之間不會無緣無故地無法繼續**，在做出挽回行動前，先停下來面對事實，考慮清楚，因為走錯這一步，最終受害者可能會是你自己。

先來看看這五個思考方向，好好想想你應不應該打出復合牌。

分手原因就是不愛了

遭遇被對方分手的時候，每個人的感情系統會發出不同的應對信號，比如驚訝、憤怒、傷心等負面情緒，感到被出賣般的背叛。而一旦人的理性被這些暗黑情感所支配，情緒失控，常做出一些不合常理，甚至損人不利己的行為。

其實在提出分手的那一方，不管用了千萬個不同理由或把一切說得再美麗，都只是藉口，最根本的原因也就是最簡單的：對方已經不再愛你。這也表示這段關係是無法有結果的。

這個時候有項最大的重點，希望你能冷靜下來思考：**為什麼你想要拉回這個已經不愛你的人，挽回這段明顯沒有作為的愛情？留住對方到底有什麼意思？**

為了自己，唯有先去面對，日後才能給自己機會輕鬆放下。

你是捨不得「他」？還是捨不得「他為你做的事」？

我見過有些個案會用盡所有手段和方法，甚至在網路上找尋「高手」幫忙出手相救。假設你十分幸運，你所用的方法有效，而且成功把已經死心的另一半留下來，但請問：

把這具沒有了愛的軀殼留下來，又有什麼作用？

由不同的經驗中可以發現，有很多個案在失戀之後以為捨不得對方，其實只是因為習慣不了一個人的孤獨。

可能，你掛念的是他的一個吻？每天早上起床的第一則甜蜜訊息？或是他陪伴你的每一個早／午／晚？

可能「以上皆是」，但**這些不一定非得由他給你**。或許你留戀的只是「這些事情」，而不是針對「這個人」。

所以這一刻，你應該反問自己：真的只有他才做得到嗎？你想要的是他，或者只是懷念他對你所做的這些舉動和事情而已？

他真的那麼「完美」嗎？

當一個人無故被分手，最常見的心理狀況是無限量地去把前任優點化與理想化。他會不停去回想，甚至無限放大前任的好處，不停地說服自己可能「永遠都找不到像他一樣的好伴侶了」。

這時候，我通常都會請個案**先靜下來，細想這段感情裡的好壞，甚至進一步地請個案仔細地把想到的每一項都寫下來，慢慢省視，好讓自己可以冷靜地比較。**

因為只有平靜下來，才可以做出客觀的分析，而不至於做錯決定。

要改變自己或對方，談何容易

你決定不顧一切，無論如何都要把前任追回來？

我阻止不了你，但是，請你先推算一下：**你覺得這段感情在復合之後，又可以維持多久？**

要知道，如果你們缺少自我調整與改善的真正自覺，沒有對接下來如何一起走下去建立共識，即使復合，也只會再走回頭路而又分開。

江山易改，剛復合時，相信每個人都會有強大的意志力去強迫自己改變，但當日子久了，感情再次穩定後，又會故態復萌。你們傷感的故事又會重新再循環一次。

要修正感情缺裂的根源問題，不是一朝一夕的事

當感情面臨結束，有時彼此需要一段分開的「冷靜期」。

有人樂觀地認為冷靜期的主要作用，是讓提出分手的一方沉澱一下自己，改變對這份感情的負面想法，而當負面思考冷卻之後，他便會發現自己做錯決定了，最後會哭著認錯，主動挽救。而同時在這一段冷靜期中，被分手的一方則可以把握時間，好好地做些改變，打造一個更好版本的自己，當雙方重修舊好時，讓對方眼睛一亮。

可惜，現實往往與幻想有一段距離。如果單想靠三十天、六十天或九十天的所謂「冷靜期」去挽回一段感情，未免太異想天開了。

的確，幾個月的時間可以使一個人的怒火消失，甚至若夠幸運，**對方可能會因為失去你而傷感思念，但絕對不足以解決那些存在已久、潛藏於你們感情中的矛盾和問題。**這必須

經過雙方協調，一般需要大量時間、反覆地嘗試，才有可能成功，也因為之前有了不同程度的傷疤，要將這些陰影除去，實非一朝一夕可成。這樣的一場持久戰，你能支持多久？

說不定在過了冷靜期之後，是你不想再續前緣了。

希冀能復合或者想要追回前任，請你好好想想以上的問題，冷靜地分析一下，再做下一步的決定吧。

心理師的透視鏡

在你做出挽回行動前，請先停下來面對事實，考慮清楚：

你們之間不會無緣無故地無法繼續，如果缺少自我調整與改善的真正自覺，沒有對接下來如何一起走下去建立共識，即使復合，最終受害者可能會是你。

我要怎麼做，才能忘記他？

可以讓我一覺醒來，就完全忘記前任嗎？

「心理師，你可以用催眠讓我忘了他嗎？」薇安剛坐下，劈頭便這麼問我。

三個月之前，同居四年的男友向她提了分手。

從學生時期開始，兩人在一起好多年，原本始終愛得火熱，「我不曉得耶，最後這是所謂的『因了解而分開』嗎？但怎能如此片面！他說他考慮了很久，覺得我們開始工作後，無論在溝通或價值觀方面都變得愈來愈不同，他說我不再適合他……」薇安像是怨婦般泣訴。

慘被分手的她痛哭過、哀求過，試著用所有聽過的方法去挽救這段被宣告死亡的感情，只期待還有一絲奇蹟降臨。事實卻是分手三個月以來，他斷了聯絡，完全沒有再找薇安，徹底從她的生活中消失了。

頓時失去了情感重心，極度失落又迷失的薇安試著打聽其他方式，想把感情留住，如同所有迷茫的人一樣。「我去求神問卜、拜姻緣石，還到處拜月老，甚至再偏門一點的都嘗試過了。」她說。結果呢？當然，她期待的情節沒有發生，浪子並沒有回頭。

在情緒極度低落的情況下，薇安開始變得神經質、自我封閉，整天足不出戶，只是躲在家裡發愁。這讓媽媽真的擔心了，於是帶她來找我，希望我可以為女兒做心理評估或輔導。

薇安聽說我受過催眠療法的專門訓練，立刻滿懷期待地問我：「那催眠可以給我洗腦嗎？可以讓我一覺醒來，就完全忘記我的前男友嗎？心理師，你可以用催眠讓我忘了他嗎？」

最重要的是放過你自己

金凱瑞和凱特溫絲蕾合演過一部帶點魔幻的愛情電影《王牌冤家》（Eternal Sunshine of

the Spotless Mind）。片中，曾經無比契合又相愛的他們因故分手後，由於難以承受失戀的痛，先後去了一家特別的診所，幫他們消除曾經相愛的記憶，但是當然，感情的糾葛並非刪去記憶就能輕易解開的……

的確，在催眠的舞台表演中，有一些技法可以令人忘記事情，比如忘記自己的姓名，或是由一數到十時，忘了中間某個數字等等。

可是，薇安要求的是完完全全地替她洗腦，把她與前男友的一整段記憶「清洗掉」。事實上，我面臨過許多個案提出這樣的要求，看似無理，任何有職業道德的催眠治療師都會告訴你做不到，但我也明白倘若不是傷到最痛，怎麼有人捨得把一段屬於自己的回憶消除掉。

看著面前這個被感情傷害得不成人形的女孩，我決定放手一試，但是並非洗腦，而是試著改寫她潛意識對這段分手的看法與情緒反應。

經過基本的催眠引導，把薇安身體所有的外在意識關閉，讓她專注於呼吸，令身體慢慢放鬆，然後進入自己的潛意識。薇安在潛意識中找到了與前男朋友有關的記憶，當然，要重手下藥的永遠是最痛、最痛的那部分記憶。

「回到他向你提分手的那一刻，他對你說了什麼？而你是如何回應的？」隨著我的引導，薇安再次面對男友提出分手，那份痛苦仍然扎心……

就在她感覺到最痛的時候，我問：「這一刻，你的感覺是怎樣？」

她說：「我感到自己極度痛苦，但我亦深深明白，因為我們彼此溝通不足，這段感情其實早已滿是瘡疤，分開也只是遲早發生的事。」

我繼續問：「如果這一刻，你的前男友在你面前，你會有什麼話想對他說？」

於是，薇安便斷斷續續地將自己這幾個月來抑制在內心的感覺和所有想說的話，一訴而盡。經過一輪炮轟般的宣洩之後，激動的情緒明顯平緩下來。

這時，我引導薇安在內心**看清楚兩人已經分開的事實**，**原諒男朋友對自己做過的事**，**「最重要的是，你要原諒你自己。」**我告訴她。

在確定薇安對於那段記憶不再執著之後，我向她表示將會由五倒數到一，每數一個數字，她將愈來愈清醒，數到一之後，便將她從潛意識中喚醒。

「清理情感垃圾」的自我練習

發生過的種種都已成事實，與其不切實際地寄望於別人能以所謂的洗腦，把它們「洗乾淨」，更能幫助你面對現實的是有效的自我練習。

在此與各位分享一個小小的心理練習，有助於為自己的心靈進行一場「大掃除」，清理掉那些因情傷而留下來的情感垃圾。

但是要提醒大家：**如果有重大的心理問題需要解決，請你直接尋求專業人士協助。**

‧把感覺寫入筆記本，收起來，暫時不再看

首先，請準備一本可以隨身帶著的筆記簿，小小的一本就可以。

當你在日常生活中，想起了前任，或是有不快樂的情緒出現時，立即把相關的感覺寫入筆記本內，記得要寫得愈詳盡愈好，而且必須對自己坦誠，把當下的感受毫不保留地寫出來，同時要加上時間、日期，作為日後參考之用。

寫好了之後，先把筆記本收好，暫時不去看它，繼續一天剩下的活動。

‧「寫在筆記本上」，便已釋放情緒

其實有許多朋友在完成了「寫在筆記本上」這個動作後，已明顯領受到一種放鬆的感覺，因為在寫下來的同時，就已把負面情緒一併釋放了——你將它們放逐到了紙上。

接著，我們繼續下一步的練習。

・一個星期後，再打開本子，重新檢視

前面提到寫好了之後，就暫時不要再看筆記本。那什麼時候再看呢？我提議在一個星期後，當你有空閒、不受打擾、心情平穩的時候，找個獨處的空間，把筆記本拿出來，重新檢視當日寫下的事情和情緒，用心再去感覺一下：

一、為何當時我會這樣想？

二、為何我會有這種情緒？

此時，你可能會發現那些讓你不開心的事，原來許多都是不值一提，根本不用介懷的。你所有的想法也會因為時間及經歷的沖刷而改變，甚至改善。而最重要的功課就是——如何在這個自觀內心的機會中學習，使自己進步，釋放內心的負面情緒。

・當你發現自己愈來愈少寫筆記了……

這個練習做到最後，你會發現拿筆記簿出來寫東西的情況愈來愈少，因為漸漸地，前任的種種對你來說已變得不痛不癢。

到了這時候，你便已經成功地為自己清洗了有關前任的不良記憶，並清除了相關的情感垃圾。

清掉心理垃圾，給自己重生

心病還需心藥醫，有時候，當一種情緒沒有被好好地處理，留下來的後遺症可能會十分嚴重。要解除這種執著，可以運用這樣的自我練習，進入我們的潛意識層面去處理。當你愈來愈熟悉，要療癒這些心理上的後遺症就不是困難的事了。

你有多久沒清理自己的心理垃圾了呢？如果很久，或者甚至從來沒有過，那麼是給自己重生的時候了。

嘗試做做看這項練習，對你的生活會產生意想不到的美好影響。

逝去的情感，會因時間沖刷而歸於平淡嗎？

你的心痛，是否摻雜著執迷不悟？

我們常說時間可以沖淡一切，或者讓人遺忘過去。事實真的如此嗎？記憶是不能刪除的，你可以改變對某段記憶的感覺，卻無法完全刪去記憶。縱然你已將它推進內心深處，但每當情緒失守時，那些回憶難免會如午夜夢迴揮之不去，那份再熟悉不過的感覺，甚至氣味，又會再一次浮現腦海。

請你試著自問：**一段你曾經擁有的過去，難道如今就只有留下心痛？還是那傷心只是**

你對於舊人的一份執迷不悟？

雜亂難解的分手心結

孟潔與前男友分手已七年多了。分手後，除了偶爾的老同學聚會，和他幾乎絕無聯絡。過了這麼多年，她不斷地告訴自己應該放下那段感情，但每每在生活上遇到與前男友有關的事，情緒便很容易又失控，讓她哭個不停。

她始終忘不了分手那晚，無論她再怎麼哭訴，對方始終一言不發、無動於衷。而每回在夢裡，對方就像當天不說一句，她只能心灰意冷地呆站著。過了很多年後，她才終於意識到，這是分手帶來的陰影，顯然是一個心結。

雖然孟潔現在已遇到一個很合得來且很珍愛她的男朋友，但每當前任的回憶突襲，她的情緒就會變得極度混亂，覺得自己心裡還有前任存在，對不起身邊這個既細心又體貼的他，甚至懷疑起自己對現任男友的愛。

她寫了e-mail給我，想知道有什麼方法可以幫助她解開心結。

在此不僅是回應這個提問，也希望有助於感同身受的你一同來思考。

其實，你是抱著「執念」不放的帶菌者

處於如此的情感困局中，**你一直希望自己是一名康復者，但其實你從頭到尾都是帶菌者，而始終緊緊束縛著你的是你對前任的「執念」。**

一個人在生病之後，免疫力會大大提升，因為基因設定了人類會隨著過去而學習，從經驗當中獲得進步。所以若只是活在過去的不幸陰影中，這樣的你，心結又怎會自動解開？

你真以為一旦與前任斷絕聯絡，你們的感情就會因時間沖刷而歸於平淡？

我可以肯定地告訴你：**才不會！**

當你以為已經遺忘，找到了出口的同時，那份「執念」，使得過去的經歷仍舊在你心底的角落暗暗發酵著，不管其後你經營了多少段的感情、身旁的伴侶換了多少位，你的心仍被另一個人占據著——你的前任。

無論執念是來自於你仍然愛著他，又或者是對那段感情的結局心有不甘、耿耿於懷，不管再怎麼在意著過去，逝去的已成不可逆的定局，**只有「承認」，才能放下。**

這一刻在你身邊的人，是「現任」的他

對此，身為心理師所給的唯一意見是：請你抹乾臉上的淚水，好好地去面對分手的「事實」。如果真心愛著現任，請你專心去發展。

緬懷那些已逝的過去，只會讓你陷入不斷的比較與索求。當你散發出的並非專注的誠意與愛意，吸引向你的也不會是好品質的愛，將摻雜高度的不安全感與嫉妒，那味道會是既苦又酸的。但你看到了嗎？這一刻在你身邊的人是「現任」的他，不要讓那段過去變成現任心中的一根刺。

最後是我們都需謹記的——過往會令人成長。而那些不堪回首的就交由昨日帶走，隨風而去吧。

心理師的透視鏡

因為「執念」，使你受困；

只有「承認」，才能放下。

情侶分手，「遺物」該還嗎？

交往一場，有必要做到這個地步嗎？

身為心理師還滿常遇到這樣的狀況：一旦對方知道我是學心理的，尤其主力做感情諮商，就很容易「順便幫朋友問個問題」。

前幾天倒垃圾時碰見不算熟的鄰居小姐，大家聊了幾句，鄰居得知，「你是心理師？那你可以曉得別人心裡在想什麼嘍？」

那是神仙才有辦法吧，我心想，但還來不及接話，她緊接著說：「我朋友最近有個困擾，你聽聽，看能不能給個建議。她跟男朋友在一起三年，前陣子分手了，她眼淚還沒乾，前男友竟然傳訊說，想請她歸還以前送她的項鍊、首飾等，價值比較貴重的禮物，而為了公平起見，他也會整理過去的東西還給她。她一氣之下就把他給封鎖了！什麼鬼啊！這麼小氣嗎？」鄰居突然紅了眼眶，「那你把我以前的青春還來啊……」

咦？不是她的朋友嗎？

好吧，無論是誰，都可能會有類似的困擾。

我想到有個朋友向女友提出了分手。過了大約一個星期之後，有天早上，他打開家門準備上班時，發現門外的地上放著一個大垃圾袋，他差點破口大罵是哪家人把垃圾丟在他家門口，然後他看到垃圾袋上貼了張大字條，上面寫著：

「還你！」

他認出那是前女友的字跡，馬上拆開來看垃圾袋裡的東西——原來，全是他在交往期間送給她的禮物，無論大小、價值高低，一律奉還。他心想：真的有必要做到這種地步嗎？

望著這袋「遺物」，頓時百般滋味湧上心頭。

「愛情遺物」，如何處理？

面對一段感情的終結，許多人以為單靠一句「分手」就能一刀兩斷、一了百了。可是，感情是世界上最複雜的事情啊，怎麼可能這樣容易解決？在這一份千絲萬縷的情感瓜葛背後，還有許多後續問題要面對，例如一些分手「遺物」的處理，包括兩人的合照、情感交錯的信件，還有對方送的、代表當時相愛心意的禮物。

如果你是當事人，你會怎樣處理對方送的禮物？選擇直接狠狠地丟到垃圾回收場？還是鼓起勇氣去退還給對方？

・斷然打包還給對方，是兩敗俱傷

曾聽說不少朋友在分手時，會收拾好一大盒對方送的禮物，一併退還，以示一刀兩斷，不拖不欠的意思。但其實這種做法有點兩敗俱傷。

首先，就對方而言，已送出的禮物就是屬於你的，這是一份心意，當時對你傾慕之情的表示。把一件死物收回，對他有何意義？人一走，茶就涼。

其次是，從表面看來，好像是你把不想要留下的回憶全部退給他——說穿了，即是把傷痛加倍還他，「愛情遺物的處理問題」變相地自動過戶給他，然而，他卻不能退回給你，那個煩惱他只能自己扛。如此一來，自然顯得你有些小家子氣。

不把東西退回，也是給對方面子的一個舉動，至少讓他知道送的那些禮物是你喜歡的，並非他一廂情願、自作多情。縱使無緣在一起，但最少，對這份曾經的愛情留一點尊重。

・寄望歸還物品能勾起對方甜蜜回憶，只是妄想

當然，也有可能是被分手的一方以退還物品為由，爭取雙方多一次見面的機會，偷偷期盼對方再見到那些物品時，會勾起過往兩人的甜蜜回憶。

很可惜的是，這個做法通常都不會成功。

剛分手時，雙方腦海中必然只會縈繞傷心的回憶，即使是提分手的那一方。這些負面情緒需要一段時間才能慢慢減退。在充斥著分手所帶來的痛苦情況下，對方就算見到與過往相關的物品，也無法重現開心的感覺。

・乾脆清空送人或賣掉，是對感情的斷捨離

最後一個可能的情況：有人選擇分手，但是很討厭及痛恨對方，所以將所有禮物退還，表示自己多不稀罕，以這一份清高和看似灑脫，去掩飾自己對於這段情感的不堪回首。

不過，既然都不稀罕了，何不拿出來拍賣或放到二手市場出售？讓別人買到心頭好，自己又可以折現。

其實這有個重要意義：**把這些回憶之物交給不相識的人，是一種更徹底的「清理」——在往返交易的過程中，在打包的時候，在你一件一件發送出物品時，便在整理及處理那些回憶。而當把它們完全交付出去，即可視為一個句點。**

付出的感情與時間，怎能歸還？

而像我不熟的鄰居「的朋友」，遇到前男友主動要求互相歸還愛情遺物，說實在的，我這個外人中的外人無法置喙，只能跟她說：「對方主動提分手，又主動提互還物品，到這地步顯然心意已決，且要求兩不虧欠。不管你的朋友決定還或不還，都記住：**不要讓這件事變成兩人之間的糾纏**，對你的朋友沒好處。」

在此忍不住奉勸想以退還禮物來表示不拖不欠的朋友……其實我們心裡都很清楚，感情根本不能拿計算機出來計算，亦不可能做到互不虧欠。縱使讓你在物質上做到不虧欠，但相比當初付出過的感情與時間，又怎能歸還？別自欺欺人了，好嗎？

心理師的透視鏡

感情的「遺物」，或許還了不甘心，全丟掉又忍不住可惜，

那麼，何不考慮送人或賣掉？

這是理想的情感斷捨離。

為什麼你們的感情愈來愈淡？

為你們的愛情健康「把脈」

愛情其實並非如想像一般堅定和浪漫，它是如此脆弱，禁不起風浪，就像一朵會隨時間而慢慢凋謝的午夜之花。

以這段話作為文章開頭，實在是語重心長。每個人都希望另一半能愈來愈愛自己，這一份被愛著的感覺可以永不減退，然而事與願違：前一刻你還覺得兩人濃情蜜意呀，怎麼突然對方就變冷淡，甚至暴怒；雖然熱戀期過了，但他的熱度下降得也太快；你投入了愈多感情，卻發現他愈來愈疏遠……

愛情把把脈。

你忍不住問：「為什麼？」

無論你是正受這些疑惑所困，或者想要事先預防，都可以運用以下這四點，為自己的

熱情被磨損而消退了

欣欣在熱戀初期對男友百依百順，事事以對方為先。不管男朋友提出多麼不合理的要求，或是因為小事而大發脾氣，**她都忍讓，她以為那是包容。**

但也因為這一份「包容」，男友的情緒波動一天比一天厲害，由三天一小吵、五天一大吵，演變成每天都吵架。欣欣發現自己的包容力到達極限，超越了她的底線，所以找我幫忙，希望尋找解決的方法。

在熱戀期，情侶多半會因為愛得盲目，而對於對方的一切負面行為睜一隻眼閉一隻眼。可是時日一久，對方的缺點一旦慢慢累積，有朝一日，「小缺點」會由起初「滿可愛喔」式的接受，慢慢變成令人難以容忍的大缺陷。

比如**在熱戀期的一些小爭吵，會被當成是彼此磨合或了解的過程，但是假使這些小爭**

執背後的問題本源沒有好好地處理、解開，再加上少了彼此傾聽，一方天真地以為時間可以解決一切，另一方卻只是勉強啞忍，一旦容忍值達到頂點時，被壓抑的不滿就會突如山洪爆發、江河潰堤，一發不可收拾。

另一半不是垃圾埇

試想：一對情侶經過熱戀期的洗禮，自覺愛情昇華到更高境界了，而開始言語、行為毫無修飾，例如在約會時不停抱怨，只講負面話題……誤以為這就是把自己內在的本性原原本本地表露出來。但事實上，**這樣的相處方式其實是把對方當成垃圾桶，阻斷了彼此的溝通，並且不停地給對方壓力。**

朋友圈中有一對情侶，每次大夥兒餐敘，都被他倆的甜蜜氛圍感染，他們會互相為對方挾菜，其中一方在說話時，另一位附和支持。但是當他們交往三年多，有次與他們一起聚會時，卻發現之前的甜蜜感全沒了。男方想點菜，女方嫌棄說這個不好吃、那個不要點；女友在說話時，男方覺得不同意而高聲反對，冷嘲熱諷。之後過了沒多久，他們便分手了。

將心比心，沒有人喜歡負能量發送器，**即使感情再深也要有所保留，這不是虛假或偽裝，而是體貼與尊重，這才是一種有智慧的相處。**朝著另一半毫無底線地不斷倒垃圾，這樣發展下去，只會把雙方辛辛苦苦建立起來的感情基礎一點一滴地耗損、腐爛，逐漸發臭，有朝一日將崩塌。

若你細心留意身邊的情況，不難發現一些經歷數十年婚姻仍不變的夫婦，除了彼此間的深愛之外，還有就是相敬如賓的態度，相互間的尊重數十年如一日，有如相戀初期，仍維持基本的分寸，才可以把關係維護得歷久彌新。

見面次數減少

沒錯，見面次數減少也是導致感情變淡的一大原因。

生活，不可能永遠都在熱戀期的「你眼中只有我，我眼中只有你」。一般過了這個時期，需要雙方經過相互協調，重回各自的日常節奏，於是難免將目光重新投入其他地方，最常見的自然是忙於工作。

若雙方都忙碌，抽不出足夠的時間充分相處，長此以往可能導致彼此疏離，漸行漸遠。而如果一方事業心重，另一方卻把重心都放在這段戀愛上，就像兩人三腳，將形成雙方腳步不一致。你覺得被他拖累、沒有安全感；他則不滿相處時間太少，也感到不安。當兩人之間爭吵增多，不滿累積，將導致互相拿起放大鏡去看對方的缺點，結局自然不會太開心。

那麼，雙方在忙碌的生活節奏中，如何維持見面的次數呢？

說什麼「沒時間見面」只是個掩飾無心的藉口。比如午餐、晚餐總得吃吧？就算擠出這段短短的時間相見也沒辦法嗎？只要雙方有心，必然能夠找出時間相會。

建議你們**給彼此訂一個每週見面的時間，而在這段約會時間內，兩人都要放下手邊的工作，專心地面對彼此，好好相處。那麼即使時間再短，也會是個優質的約會，有助於保持感情有增無減。**

不修邊幅

日本人十分注重打扮，不管男性或女性，出門前都會好好裝扮一番。原本化妝並不值得大驚小怪，在某些場合，化妝是禮貌的表現。但日本女人普遍有一個十分有趣的習慣：

她們在婚後，從不讓丈夫看到自己未化妝的模樣，也真的有人沒見過妻子的「真面目」。她們一般會比丈夫早起，先化好妝；晚上也等丈夫睡著了才卸妝。

你可能會不以為然地問：有這個必要嗎？這點自然與社會風氣、女性自主意識的發展、男女權利的平衡等等有關。除了日本，韓國女性地位更低，比如《82年生的金智英》這本書，在改拍成電影時，出演主角的女演員在韓國幾乎是遭到輿論圍剿，等於真實上演了書裡的故事。

當然，在此不是主張一定得花上一個鐘頭去化妝，只是別不修邊幅便可。

關於「不修邊幅」這點，自然是男女皆同。比如男性，雖然不需要裝扮得像名模，但是至少要給人清爽、乾淨的觀感，這不只與七秒鐘決定第一印象有關，即使是相處再久的戀人、伴侶也要注意。這是對彼此的尊重。

女性除了基本的清爽、乾淨之外，其實有另一個男性很少有的優勢：化妝。

身邊有許多女性認為素顏約會是要讓對方接受「原本的自己」。沒錯，接受「原本的你」是彼此坦誠以對、相互承接的重要一步，但是不需要濃妝豔抹，只是修飾一下臉容，就能讓「原本的你」更顯光彩。

從另一方面想：**如果對方一副剛睡醒就出來見你的模樣，你是否會覺得他不重視你和你們的約會呢？**

戀愛要平常心：「平常」便用「心」多走一步

感情，就好像泡茶一樣，同樣的茶葉經過一再回沖，時間久了，難免會被沖淡。如果只是自我感覺良好地認為：我們的關係很好、很穩定，不需要大力維繫，這樣的心態有如以溫水煮青蛙，只會使你們的感情慢慢變淡。

也有人說感情不就是如此，老夫老妻的日常就像白開水，雖然淡而無味卻已是不可或缺。不過，**即使是白開水，也可以有時撒點糖、有時放點鹽，在慣常中不忘加一些調味。同時注意別讓這杯水冷透，記得要加溫，涼水固然好入口，但有時熱熱的喝更好喝，也讓這杯感情之水在你們彼此心中，更有存在感。**

對於相識不久的情人而言，熱戀期絕對是一把雙刃劍，當你只沉醉於這段「蜜月期」，卻未注意讓彼此的相處再進一步，有朝一日對方不再愛得盲目，從熱戀美夢中甦醒過來時，只能眼睜睜地看著愛情慢慢凋謝。

當然，你也可以好好利用這段熱戀期使感情突飛猛進。可以怎麼做？**當你們在熱戀期時，無論見面的時間或溝通的機會、品質，都處於頂峰位置，如果能好好把握此時，妥善建立相處與溝通的暢通基礎，絕對能事半功倍。**感情其實並沒有想像中的複雜，想要保持歷

戒斷曖昧

久彌新，只要把感情看成「雙向」的：你期待對方與你共患難，那麼你要先跟他分享歡樂。

不是叫你把這壺「茶」倒掉重沏，而是好好地運用溝通、相向的同理心，為對方思考。我會說：**談戀愛要用平常心——「平常」便用「心」朝著彼此，多走一步，別等到愛情被宣告病危了才急著搶救。**

盡力以公平一點的方式，去對待你珍視的這段關係吧！

心理師的透視鏡

想要保持歷久彌新，只要把感情看成「雙向」的：

你期待對方與你共患難，

那麼你要先跟他分享歡樂。

女人的絕情，男人怎能理解？

所謂的「絕情」是個人觀感

有位男讀者來信問我：

一個女人在對一段感情死心後，可以做到多絕情？

這是他的故事：他和女友從大學時期開始愛情長跑，經歷了風風雨雨之後，步入談論婚嫁的最後階段。他脾氣壞，事事對女友諸多挑剔，一天比一天過分。就在訂婚前夕，一件小事再度引爆爭執，女友斷然向他提出分手。

他曉得主要是自己的脾氣造成的，但性格極度執著的他沒有因此放棄。就像過去的無數回，分手之後的常見戲碼一哭二鬧三上吊又在兩人之間上演。

起初，他每天發數十則訊息給女友，希望能如過去那樣安撫她的怒氣，結果被女友封鎖了。於是他開始不停打電話，以為像以前一樣多說甜言蜜語就能打動對方，下場是被關機。

他用上最終極手段，為了展現追回女友的誠意，冬天的十度低溫下，在女友家樓下等了許久，只為見她一面。可是他挨凍了半天，滿腔誠意獲得的卻是一碗熱熱的閉門羹。

之後，他繼續試著透過其他不同管道聯絡她，但她從此失去音訊……

女人，真的可以做到如此絕情嗎？

這個問題，我不會斷然回答「是」或「否」，因為「絕情」二字從來都只是個人的觀感，壓根沒有一個客觀的基準去量度。

而事實是，當女人一旦對一段感情死了心，對眼前這個男人沒了感覺，她絕對可以一秒之間變臉，成為這世界上最冷漠無情的生物。

男人通常絕不了情

我是專長為感情諮商的心理師，也曾在婚戀公司擔任心理顧問，以經驗來看，在處理舊感情這個難題上，女人與男人最大的分別是：分手之後，男人就算有了新歡，也可以和舊愛成為朋友，保持著（看似）普通朋友的友誼，把對方留在身邊，因為分手之後仍維持朋友關係，對他是有利無害的，那是一種獵人心態——有個獵物在手，總是某種安心。

別再說女人狠心，其實她是對自己狠心

相反地，當一個女人決定不再愛你時，她可以狠心地與你斷絕所有往來，甚至把你當作仇人般看待，翻臉不認人。

但這份心狠，其實是對她自己。

原因十分簡單，就是怕自己再一次對你泥足深陷。而在有機會原諒你或再一次愛上你之前，乾脆先斬斷所有聯絡方式，把你的一切封鎖在那份心軟之外。選擇不再關注你的動

態，認為只要盡力在生活中避免談及你、接觸你，就能當你從來都沒有出現過一般。

縱使曾經愛你愛到多麼死心塌地，把自己壓低到塵埃裡，放到多卑微的位置，只要她真正下定決心不再愛你，任何浪子回頭、跪地軟弱的痛哭哀求都只是徒然，因為她不會再讓你有機會多傷害她一次。

女人不是對你絕情，是對你絕望

你說她怎有辦法如此「絕情」，但那不會是突然發生的，過程中也不會毫無跡象，她會多次努力，試著讓你去聽到她的心聲。確實，女性有個通病就是不乾脆說出內心想法，認為「講了你才有反應，就不是你的真心」，但是當她開始失望了或察覺自己的心意產生動搖，出於在感情中的生存本能，通常會下意識地先向你求救：好言以對但你不在意，淚眼汪汪也未獲疼惜，怒氣沖沖是因她太傷心……她一再發出問題信號，卻被一再忽視，到最後便是凍結，亦即無望的沉默——那已經不是冷戰等級。**冷戰有時只是感情的中場休息。女人最深的沉默，是感情的「終場」結局。**

所以在她做出分手的決定之前，已經是從一回再一回的失望，到最後傷心透頂，對你完完全全地「絕望」了。到了這個地步，唯一可以對你做的，就是將你從她的生活中完全抹去。**只有讓自己徹底死心，才能重新過回沒有你的人生。**

這便是所謂女人的「愛恨分明」。

分手後怪她無情，不如珍惜眼前她的情

所以與其問：一個女人在對一段感情死心後，可以做到多絕情？你更應該先明白：要令一個女人對一段感情死心，你讓她多麼絕望。

那麼，何不就在她仍然愛你時，好好地珍惜眼前人？

分手後才怪她何以無情，意義何在？

國家圖書館預行編目資料

戒斷曖昧：心理師透視40個愛不了、分不開的偽愛迷思／隼人著. --初版. --臺北市：寶瓶文化, 2020.02, 面； 公分. --(Vision；191)
ISBN 978-986-406-180-8(平裝)
1.戀愛心理學 2.兩性關係

544.37014 109000131

Vision 191

戒斷曖昧——心理師透視40個愛不了、分不開的偽愛迷思

作者／隼人（譚浩麟）心理師
企劃編輯／丁慧瑋

發行人／張寶琴
社長兼總編輯／朱亞君
副總編輯／張純玲
編輯／林婕伃
美術主編／林慧雯
校對／丁慧瑋・陳佩伶・林俶萍・譚浩麟
營銷部主任／林歆婕　業務專員／林裕翔　企劃專員／李祉萱
財務主任／歐素琪
出版者／寶瓶文化事業股份有限公司
地址／台北市110信義區基隆路一段180號8樓
電話／(02)27494988　傳真／(02)27495072
郵政劃撥／19446403　寶瓶文化事業股份有限公司
印刷廠／世和印製企業有限公司
總經銷／大和書報圖書股份有限公司　電話／(02)89902588
地址／新北市五股工業區五工五路2號　傳真／(02)22997900
E-mail／aquarius@udngroup.com

著作完成日期／二〇一九年十月
初版一刷日期／二〇二〇年二月
初版二刷日期／二〇二〇年二月十日

ISBN／978-986-406-180-8
定價／二九〇元

AQUARIUS 寶瓶 文化事業

愛書人卡

感謝您熱心的為我們填寫，
對您的意見，我們會認真的加以參考，
希望寶瓶文化推出的每一本書，都能得到您的肯定與永遠的支持。

系列：Vision 191　**書名：戒斷曖昧**——心理師透視40個愛不了、分不開的偽愛迷思

1.姓名：＿＿＿＿＿＿＿＿　性別：□男　□女

2.生日：＿＿＿年＿＿＿月＿＿＿日

3.教育程度：□大學以上　□大學　□專科　□高中、高職　□高中職以下

4.職業：＿＿＿＿＿＿＿＿

5.聯絡地址：＿＿＿＿＿＿＿＿＿＿＿＿＿＿＿＿＿＿

聯絡電話：＿＿＿＿＿＿＿＿　手機：＿＿＿＿＿＿＿＿

6.E-mail信箱：＿＿＿＿＿＿＿＿＿＿＿＿＿＿

□同意　□不同意　免費獲得寶瓶文化叢書訊息

7.購買日期：＿＿＿年＿＿＿月＿＿＿日

8.您得知本書的管道：□報紙／雜誌　□電視／電台　□親友介紹　□逛書店　□網路　□傳單／海報　□廣告　□其他

9.您在哪裡買到本書：□書店，店名＿＿＿＿＿＿　□劃撥　□現場活動　□贈書

□網路購書，網站名稱：＿＿＿＿＿＿＿　□其他＿＿＿＿＿＿

10.對本書的建議：（請填代號　1.滿意　2.尚可　3.再改進，請提供意見）

內容：＿＿＿＿＿＿＿＿＿＿＿＿

封面：＿＿＿＿＿＿＿＿＿＿＿＿

編排：＿＿＿＿＿＿＿＿＿＿＿＿

其他：＿＿＿＿＿＿＿＿＿＿＿＿

綜合意見：＿＿＿＿＿＿＿＿＿＿＿＿＿＿＿＿＿＿＿＿＿＿＿＿

11.希望我們未來出版哪一類的書籍：＿＿＿＿＿＿＿＿＿＿＿＿＿＿＿

讓文字與書寫的聲音大鳴大放

寶瓶文化事業股份有限公司

（請沿此虛線剪下）

廣 告 回 函
北區郵政管理局登記
證北台字15345號
免貼郵票

寶瓶文化事業股份有限公司 收

110台北市信義區基隆路一段180號8樓

8F,180 KEELUNG RD.,SEC.1,

TAIPEI.(110)TAIWAN R.O.C.

（請沿虛線對折後寄回，或傳真至02-27495072。謝謝）